the verbal math lesson 1

NIVEL 1

La leccion de Matemática Verbal 1
PARA NIÑOS DE 4 A 7 AÑOS

MICHAEL LEVIN
CHARAN LANGTON

Copyright 2020
Mountcastle Company
Electronic Edition, May 2020

Editado por Kelsey Negherbon, Ashley Kuhre, Julie Lundy
Diseño de Tijana Mihajlovic
Traducción y edición por Emilie Maldonado

Fabricado en los Estados Unidos de América
ISBN 978-0-913063-31-6
Biblioteca del Congreso Número de Control: 2007938785

Todos los derechos reservados. Ninguna parte de este libro puede ser reproducida o utilizada de ninguna forma o por cualquier medio, ya sea electrónico, publicitario o mecánico; incluyendo las fotocopias y grabaciones en cualquier dispositivo de almacenamiento o sistema de recuperación sin el permiso por escrito del editor.

Mountcastle Company
Contact: mntcastle@outlook.com
www.readinglesson.com
May 2020

Introducción

Este curso está diseñado para hacer que las matemáticas sean divertidas para su hijo pequeño. Al igual que durante aprendizaje de la lectura, los niños necesitan desarrollar un vocabulario básico para la fluidez, los problemas verbales en este curso también construyen un vocabulario matemático básico que su hijo necesita para progresar más. Al igual que nuestro programa de lectura paso a paso, "La lección de lectura", La lección de matemática verbal fortalece la capacidad de resolver problemas rápidamente.Las matemáticas escritas hacen que la aritmética simple sea tediosa para los niños pequeños, particularmente para aquellos que no les gusta escribir. A menudo, si escribir requiere más trabajo que completar las operaciones, puede ocasionar desinterés por las matemáticas en los niños. Queremos que a su hijo le gusten las matemáticas, y aprender matemáticas como un juego ayuda a este proceso.Este libro está destinado a niños en los grados K-1. Los problemas de estas lecciones se deben leer al niño, por lo que todos los cálculos se realizan mentalmente y sin el uso de lápiz o papel.

¿Qué tan preciso y rápido debe ser su hijo? La respuesta es difícil de dar. El cerebro humano, particularmente el cerebro de un niño no es una máquina precisa y la memoria no es perfecta. Los niños difieren en su capacidad para desarrollar un recuerdo preciso y rápido. Una guía general de cuatro segundos se puede utilizar para la mayoría de los problemas como un indicador de habilidad.

Su hijo debe ser capaz de hacer la mayoría de estos problemas correctamente la primera vez. Si no es así, repite la lección al día siguiente. Antes de pasar a una nueva lección, asegúrese de que su hijo pueda hacer la mayoría de los problemas de la lección actual de manera fácil y rápida.

La mayoría de los niños pueden fácilmente hacer de 20 a 30 problemas al día, pero los períodos cortos de práctica son mejores en el desarrollo de habilidades y mantener el interés. Repite cada lección hasta que el niño tenga casi todos los problemas resueltos.

La mejor manera de hacer estos problemas es leyendo el problema al niño y esperar la respuesta. Si tu hijo tiene dificultad para entender el problema, puedes volver a leer el problema una o más veces hasta que se entienda bien.

Puedes leer las explicaciones al principio de las lecciones en voz alta o leerlas y luego explicar los conceptos en sus propias palabras. Subordina la velocidad a la precisión, pero no la descuides. La capacidad de responder a estos problemas simples rápidamente significa dominio. El tiempo excesivo en cada problema es un indicador de que el niño no está listo para seguir adelante y que la lección podría necesitar ser repetida.

¡Sé creativo! Compón los problemas a lo largo del tema de la lección utilizando episodios divertidos de su vida diaria. Pídele a su hijo que haga sus propios problemas para que los resuelvas.

? Quien Está Listo Para Este Corso?

- La mayoría de los niños son capaces de entender conceptos matemáticos mucho antes de que estén listos para leer. Puedes comenzar este curso a cualquier edad, si su hijo es capaz de hacer lo siguiente:

- Es capaz de contar hasta 100. (Los errores ocasionales son aceptables.)

- Puede identificar números escritos. (De un solo dígito y de dos dígitos)

- Entiende los conceptos de "igual que", "más que" y "menos que" cuando se refiere a números y cantidades.

- Conoce la diferencia entre derecha e izquierda y, con suerte, entre el bien y el mal. Aunque no es un objeto principal de la lección de matemática verbal, el curso trata de presentar los problemas con respecto a los valores sociales básicos y la autoridad parental.

- Reconoce formas básicas. (Círculo, triángulo, cuadrado, diamante y estrella).

Tiene una comprensión básica y conceptual de las medidas de longitud (pulgadas y pies) y peso (onzas, libras, toneladas).

Nos complace traerles este nuevo concepto para la enseñanza de matemáticas y estaremos encantados de saber de sus experiencias con él. Por favor, póngase en contacto con nosotros con sugerencias y correcciones.

Mucha suerte.

Michael Levin y Charan Langton

LESSONS

1. TRABAJAR CON NADA 7
2. CONTEO Y SUMA SIMPLE 9
3. SUMA HASTA 6 13
4. SUMA HASTA 9 18
5. RESTA CON NÚMEROS DE HASTA 6 24
6. SUMA HASTA 10 30
7. SUMA Y RESTA HASTA 10 35
8. RESTA CON NÚMEROS DE HASTA 10 39
9. SUMA Y RESTA HASTA 10 46
10. EJERCICIOS CON 10 52
11. SUMA HASTA 12 57
12. SUMA HASTA 15 63
13. RESTA CON NÚMEROS DE HASTA 15 68
14. SUMA Y RESTA HASTA 15 76
15. SUMA Y RESTA HASTA 17 83
16. SUMA DE HASTA 20 Y SUMA DE NÚMEROS IGUALES 90
17. RESTA CON NÚMEROS DE HASTA 20 97
18. EL SIGNIFICADO DE DOBLE Y MITAD 104
19. SUMA Y RESTA CON NÚMEROS DE HASTA 20 107
20. MÁS SUMA Y RESTA CON NÚMEROS DE HASTA 20 114
21. SUMA HASTA 25 120
22. SUMA DE NÚMEROS IGUALES 126
23. RESTAR NÚMEROS DE HASTA 25 133
24. RESTANDO NÚMEROS DE DÍGITOS SIMPLES Y DOBLES HASTA 30 .. 140
25. SUMA Y RESTA DE NÚMEROS DE HASTA 30 147
26. SUMA DE NÚMEROS DE HASTA 40 154
27. RESTANDO NÚMEROS DE DOS DÍGITOS 159
28. DUPLICAR, TRIPLICAR Y CUADRUPLICAR HASTA 50 165
29. SUMA DE NÚMEROS DE DOS DÍGITO QUE TERMINAN EN 0 170
30. RESTANDO NÚMEROS DE DOS DÍGITO QUE TERMINAN EN 0 175

TRABAJAR CON NADA

Vamos a aprender el concepto de 0.

Profesor: Despeja un escritorio o una mesa. Coloca una pluma y di: "Hay una pluma en la mesa." Pregunte: "¿Hay algún lápiz en la mesa?" La respuesta debe ser: NO.

Di: " Hay una pluma y ningún lápiz en la mesa. En matemáticas decimos, hay una pluma y cero lápices en la mesa. Cero significa nada."

EJERCICIO I

- Pídele a su hijo que dé ejemplos de cero. Aquí hay algunos:
- Si mis pies están desnudos, eso significa que estoy usando cero calcetines.
- Si la carretera está vacía, eso significa que hay cero autos en la carretera.
- El garaje estaba vacío. Hasta que mi mamá estacionó su auto en él, así que había cero autos en el garaje.
- Si nadie pone dinero en una alcancía, no tiene dinero. Antes de plantar una rosa en un jardín vacío, había cero rosas creciendo allí.
- Después de tomar la última galleta del frasco, no quedaban más galletas en el frasco.

EJERCICIO II

La regla: Si se suma un cero a un número, el número no cambia.

¿Cuánto es 1 + 0? El niño debe responder: 1.

2 + 0 = 2	3 + 0 = 3	10 + 0 = 10
0 + 1 = 1	0 + 2 = 2	0 + 5 = 5
0 + 9 = 9		

¿Cuánto es 2 millones de millones más cero? **R.:** 2 millones de millones.

EJERCICIO III

1. Había 2 fotos en la pared y no se pusieron más fotos nuevas. ¿Cuántas fotos hay en la pared? **R.:** 2 fotos **Solución:** 2 fotos + 0 fotos = 2 fotos. Por lo tanto, la respuesta es 2 fotos.

2. Una tienda de mascotas tenía 4 pájaros en una jaula. No se pusieron pájaros nuevos dentro de ella. ¿Cuántos pájaros hay ahora en la jaula? **R.:** 4 pájaros.

3. Había 10 monos en un árbol. No vinieron monos nuevos. ¿Cuántos monos hay en el árbol ahora? **R.:** 10 monos.

4. La mesa estaba vacía antes de ponerle 4 platos. ¿Cuántos platos hay ahora en la mesa? **R.:** 4 platos. **Solución:** matemáticamente hablando, 0 platos + 4 platos = 4 platos. Por lo tanto, la respuesta es de 4 platos.

5. En un campo vacío, el equipo de construcción construyó 5 casas. ¿Cuántas casas hay en el campo ahora? **R.:** 5 casas (0 + 5 = 5).

6. Mi patio trasero no tenía agujeros. Luego 3 roedores cavaron 6 agujeros. ¿Cuántos agujeros hay ahora en mi patio trasero? **R.:** 6 agujeros. *No confundas los agujeros con los 3 roedores. Podría haber cientos de roedores excavadores de agujeros, pero no estamos contando los roedores, solo los agujeros que cavaron.*

7. La página estaba vacía. Luego, 2 niños dibujaron 3 cuadrados en 4 minutos. ¿Cuántos cuadrados hay ahora en la página? **R.:** 3 cuadrados, porque 0 + 3 = 3.

CONTEO Y SUMA SIMPLE

EJERCICIO I

1. Cuenta hasta 5 hacia adelante y después hacia atrás.
2. Cuenta hacia adelante y hacia atrás de 4 a 10.
3. Cuenta hacia atrás a partir de 13.
4. Cuenta hacia atrás de 16 a 10.
5. Cuenta hacia atrás de 20 a 15.
6. Cuenta hacia adelante de 20 a 30.
7. Cuenta de 30 a 42, hacia adelante y hacia atrás.
8. Cuenta hacia adelante del 1 al 11, omitiendo todos los demás números (p.ej., 1, 3, 5, etc.)
9. Ahora, cuenta de 2 a 12 omitiendo cada otro número (p.ej., 2, 4, 6, etc.)
10. ¿Qué número viene después de 2? ¿5? ¿7? ¿8? ¿10?
11. ¿Qué número viene después de 11? ¿13? ¿14? ¿16? ¿19?
12. ¿Qué número viene después de 22? ¿25? ¿31? ¿33? ¿37?
13. ¿Qué número viene antes de 46? ¿49? ¿52? ¿75? ¿91?
14. ¿Qué número viene antes de 20? ¿30? ¿40? ¿50? ¿60?
15. ¿Qué número viene antes y después de 33? ¿22? ¿67?

EJERCICIO II

Te daré dos números; dime cuál es el primero al contar.

¿7 o 5? **R.:** 5. ¿8 o 7? **R.:** 7.
¿13 o 15? **R.:** 13. ¿9 o 11? **R.:** 9.
¿28 o 41? **R.:** 28. ¿17 o 13? **R.:** 13.
¿54 o 45? **R.:** 45. ¿23 o 32? **R.:** 23.
¿87 o 78? **R.:** 78.

Ahora, te daré 3 números, ¿puedes ponerlos en orden desde el más pequeño hasta el más grande?

6, 8 y 7 **R.:** 6, 7, 8. 9, 4 y 6 **R.:** 4, 6, 9.
6, 2, 2 y 4 **R.:** 2, 4, 6. 8, 3, 3 y 5 **R.:** 3, 5, 8.
4, 0 y 3 **R.:** 0, 3, 4. 8, 5 y 7 **R.:** 5, 7, 8.
10, 9, y 7 **R.:** 7, 9, 10.

EJERCICIO III

Cuenta desde 1 a 20, omitiendo cada 2 números: 1, (salto 2 y 3), 4, (salto 5 y 6), 7, (salto 8 y 9), etc.

En lugar de saltar, el niño puede susurrar el número. Es posible que desee hacer sus propios ejercicios de números de omisión. En lugar de saltar los números, también puede tomar turnos contando.

Por ejemplo: Usted dice: 1, el niño dice: 2, 3. Usted dice: 4, el niño dice: 5, 6, etc.

Ahora, cuenta del 2 al 20 saltando cada 2 números: 2, (salto 3 y 4), 5, (salto 6 y 7), 8, (salto 9 y 10), etc.

PROBLEMAS DE PALABRAS

1. Si tengo dos galletas y obtengo una más, ¿cuántas galletas tengo? **R.:** 3 galletas.
2. Hay un gorrión y dos palomas sentadas en el árbol. ¿Cuántos pájaros hay sentados en el árbol? **R.:** 3 pájaros.

3. Primero vi pasar un auto blanco; luego un auto rojo y luego un auto blanco. ¿Cuántos autos vi? **R.:** 3 autos.

4. Tengo dos mejores amigos. Luego hice otro mejor amigo. ¿Cuántos mejores amigos tengo? **R.:** 3 mejores amigos.

5. Estaba contando y olvidé lo que viene después de 12. ¿Puedes decirme qué número olvidé? **R.:** 13.

6. En la caja roja hay 6 canicas y en la caja azul hay 9 canicas. ¿Qué caja tiene más canicas? **R.:** Caja azul.

7. Un autobús tiene 16 niños y el otro autobús tiene 15 niños. ¿Qué autobús tiene menos niños? **R.:** El autobús con 15 niños.

8. Estoy contando y saltando un número. Yo digo 7, ¿qué número voy a decir a continuación? **R.:** 9.

9. ¿Cuántos números hay entre 1 y 4? **R.:** 2 números: 2 y 3.

10. ¿Cuántos números hay entre 1 y 6? **R.:** 4 números: 2, 3, 4 y 5.

11. ¿Cuántos números hay entre 3 y 6? **R.:** 2 números: 4 y 5.

12. ¿Cuántos números hay entre 4 y 6? **R.:** 1 número: 5.

13. ¿Cuántos números hay entre 5 y 10? **R.:** 4 números: 6, 7, 8 y 9.

14. ¿Cuántos números hay entre 1 y 11? **R.:** 9 números: 2, 3, 4, 5, 6, 7, 8, 9 y 10.

15. Tengo tres monedas en una mano y una moneda en la otra. ¿Cuántas monedas escondo en ambas manos? **R.:** 4 monedas.

16. Ann tiene 2 hermanas y 2 hermanos. ¿Cuántos hermanos y hermanas tiene ella? **R.:** 4 hermanos y hermanas.

17. ¿Cuántos niños hay en la familia de Ann? **R.:** 5 niños.

18. Mina estaba contando y se quedó atascada en 43. ¿Cuál es el próximo número después de 43? **R.:** 44.

19. Mila llegó a 53. ¿Qué número viene antes del 53? **R.:** 52.

20. Su equipo tiene un niño más que el nuestro. Tenemos 5 niños en nuestro equipo. ¿Cuántos tienen? **R.:** 6 niños.

21. Una heladería vendió 11 conos de vainilla y 1 cono de chocolate. ¿Cuántos conos de helado vendió? **R.:** 12 conos de helado.

22. Millie sabe 33 chistes. Billy conoce uno menos. ¿Cuántos chistes sabe Billy? **R.:** 32 chistes.

23. Un arquero disparó 55 flechas. Todos menos 1 dieron en el blanco. ¿Cuántas flechas dieron en el blanco? **R.:** 54 flechas.

24. Un equipo de fútbol marcó 9 goles y luego 1 gol más. ¿Cuántos goles marcó el equipo? **R.:** 10 goles.

25. El Señor López tomó 1 manzana de la cesta que tenía 20 manzanas. ¿Cuántas manzanas quedan en la cesta? **R.:** 19 manzanas.

26. Había 29 estudiantes en la clase y luego vino un nuevo estudiante. ¿Cuántos estudiantes hay en la clase ahora? **R.:** 30 estudiantes.

27. Michelle perdió 16 pelotas de tenis y luego perdió 1 más. ¿Cuántas pelotas de tenis perdió? **R.:** 17 pelotas.

28. Una señora compró 9 camisetas y luego devolvió una camiseta a la tienda. ¿Cuántas camisas guardó? **R.:** 8 camisas.

29. Una actriz tenía 50 vestidos y compró uno más. ¿Cuántos vestidos tiene ahora? **R.:** 51 vestidos.

30. Oliver tenía un alambre de 12 pies y cortó un trozo de un pie. ¿Qué largo tiene el cable ahora? **R.:** 11 pies.

31. Leo tiene $40 en su billetera y $1 en su bolsillo. ¿Cuánto dinero tiene en total? **R.:** $41.

32. El refugio de animales tiene 47 gatos y uno más. ¿Cuántos gatos tienen ahora? **R.:** 48 gatos.

33. Estaba solo y luego dos de mis amigos vinieron y se sentaron a mi lado. ¿Cuántos de nosotros estamos sentados juntos? **R.:** 3.

34. Tengo 6 monedas y Sonia tiene 5. ¿Quién tiene menos monedas? **R.:** Sonia.

35. Un parque tiene 37 abedules y 29 álamos. ¿Hay más abedules que álamos? **R.:** Sí.

SUMA HASTA 6

EJERCICIO I

- ¿Qué número viene después de 3? **R.:** 4.
- ¿Qué número viene después de 0? **R.:** 1.
- ¿Qué número viene después de 5? **R.:** 6.
- ¿Qué número viene antes de 5? **R.:** 4.
- ¿Qué número viene antes de 3? **R.:** 2.
- ¿Qué número viene antes de 1? **R.:** 0.

La regla reversible: *Cuando se suman 2 o más números, no importa el orden, cual vaya primero o después. La respuesta será la misma.*

Ejemplo:

2 + 1 es igual a 3, y también 1 + 2 es 3; 3 + 1 = 4, y también 1 + 3 = 4. 1 + 4 = 5, y también 4 + 1 = 5; 2 + 3 = 5, y también 3 + 2 = 5.

EJERCICIO II

1 + 1 = 2	4 + 1 = 5	2 + 1 = 3	2 + 2 = 4	0 + 2 = 2
1 + 2 = 3	2 + 1 = 3	3 + 1 = 4	4 + 2 = 6	1 + 2 = 3
1 + 3 = 4	2 + 2 = 4	2 + 3 = 5	2 + 4 = 6	1 + 0 = 1
1 + 4 = 5	3 + 2 = 5	2 + 4 = 6	2 + 3 = 5	1 + 2 = 3

1 + 2 = 3	2 + 3 = 5	1 + 1 = 2	0 + 3 = 3	0 + 4 = 4
2 + 1 = 3	1 + 2 = 3	3 + 2 = 5	5 + 1 = 6	5 + 0 = 5
3 + 1 = 4	3 + 2 = 5	2 + 3 = 5	3 + 3 = 6	1 + 1 = 3

EJERCICIO III

Lee el problema como: ¿Qué número más 2 es igual a 3? Este ejercicio utiliza las ideas de resta y puede ser un poco difícil para un niño pequeño.

? + 1 = 3 **R.:** 2	? + 2 = 4 **R.:** 2	? + 3 = 5 **R.:** 2	? + 0 = 3 **R.:** 3
? + 3 = 6 **R.:** 3	? + 2 = 3 **R.:** 1	? + 0 = 4 **R.:** 4	? + 2 = 5 **R.:** 3
? + 4 = 6 **R.:** 2	? + 2 = 5 **R.:** 3	? + 3 = 3 **R.:** 0	? + 4 = 4 **R.:** 0
? + 0 = 5 **R.:** 5	? + 5 = 6 **R.:** 1	? + 1 = 2 **R.:** 1	? + 1 = 4 **R.:** 3
? + 1 = 2 **R.:** 1	? + 4 = 5 **R.:** 1	? + 4 = 6 **R.:** 2	? + 4 = 6 **R.:** 2
? + 3 = 4 **R.:** 1	? + 1 = 5 **R.:** 4	? + 5 = 5 **R.:** 0	? + 1 = 6 **R.:** 5

PROBLEMAS DE PALABRAS

1. Jack tenía 2 caramelos y Jill le dio 1 más. ¿Cuántos tiene ahora? **R.:** 3 caramelos.

2. Jill tiene 2 galletas y Jack le dio 2 más. ¿Cuántos tiene ahora? **R.:** 4 galletas.

3. Tengo 1 camisa blanca y 3 camisas rojas. ¿Cuántas camisas tengo? **R.:** 4 camisas.

4. Hay 3 niños y 1 niña en la habitación. ¿Cuántos niños hay en la habitación? **R.:** 4 niños.

5. Yo tenía 2 lápices y luego encontré 2 más en mi escritorio. ¿Cuántos lápices tengo ahora? **R.:** 4 lápices.

6. Tengo 2 monedas en una mano y 2 monedas en la otra. ¿Cuántas monedas tengo en total? **R.:** 4 monedas.

7. La mamá de Mary le dijo que recogiera 2 manzanas de la mesa y 3 manzanas más de la despensa. ¿Cuántas manzanas recogió María? **R.:** 5 manzanas.

8. Annie puso 3 caracoles sobre la mesa. Su hermano puso 2 más. ¿Cuántos caracoles hay sobre la mesa? **R.:** 5 caracoles.

9. Alex tiene 2 años.
    a) ¿Qué edad tendrá en 1 año? ***R.:*** 3 años.
    b) ¿En 2 años? ***R.:*** 4 años.
    c) ¿En 3 años? ***R.:*** 5 años.
    d) ¿En 4 años? ***R.:*** 6 años.
10. Nina tiene 3 hermanos. El mes pasado nació su hermanita. ¿Cuántos hermanos y hermanas tiene Nina? ***R.:*** 4 hermanos y hermanas.
11. Bella vive con su mamá, papá y abuela. Ella tiene 2 hermanas. ¿Cuántas personas viven en la casa de Bella? ***R.:*** 6 personas.
12. Sam vive con su madre, abuela y abuelo. Él tiene un hermano. ¿Cuántas personas viven en la casa de Sam? ***R.:*** 5 personas.
13. Jill comió 1 ciruela, 1 manzana y 2 galletas. ¿Cuántos trozos diferentes comió? ***R.:*** 4 trozos.
14. Camilla tiene 2 vestidos rojos, 2 vestidos amarillos y 1 vestido verde. ¿Cuántos vestidos tiene? ***R.:*** 5 vestidos.
15. Tenía 5 escarabajos y encontré uno más. ¿Cuántos tengo ahora? ***R.:*** 6 escarabajos.
16. Puse 4 uvas en un plato. Luego agregué 2 uvas más. ¿Cuántas uvas hay en el plato? ***R.:*** 6 uvas.
17. Tenía 3 amigos y luego 2 niños más se convirtieron en mis amigos. ¿Cuántos amigos tengo ahora? ***R.:*** 5 amigos.
18. Un auto tiene 2 ruedas delante y 2 en la parte trasera. ¿Cuántas ruedas tiene el auto? ***R.:*** 4 ruedas.
19. Nuestro perro negro tuvo 3 cachorros. Nuestro perro gris tuvo 2 cachorros. ¿Cuántos cachorros tenemos? ***R.:*** 5 cachorros.
20. ¿Cuántos dedos tienes en la mano derecha? ***R.:*** 5 o 4. Ambas respuestas se pueden correctas. ¿Crees que el pulgar es un dedo o no?
21. Ayer, Mike plantó 1 árbol y hoy plantó 3 más. ¿Cuántos árboles plantó? ***R.:*** 4 árboles.
22. Nuestro auto tiene 4 neumáticos. Hay un neumático de repuesto en el maletero. ¿Cuántos neumáticos tiene el auto si cuento el que está en el maletero? ***R.:*** 5 neumáticos.

23. Omar y Tricia alimentaron 3 ardillas y también 3 conejos. ¿Cuántos animales alimentaron? **R.:** 6 animales.

24. Natasha envió 2 postales a sus abuelos, 1 tarjeta a su tío y 1 a su hermana. ¿Cuántas cartas envió? **R.:** 4 cartas.

25. Un guardia ayudó a 3 niños al otro lado de la calle y luego a 3 más. ¿Cuántos niños ayudó al otro lado de la calle? **R.:** 6 niños.

26. Nuestros 3 conejos comieron 4 zanahorias. Los 2 conejos de mi vecino comieron 2 zanahorias. ¿Cuántas zanahorias comieron todos los conejos? **R.:** 6 zanahorias. Recuerda, estamos contando las zanahorias, no los conejos, no importa cuántos de ellos estén allí.

27. Había 2 loros en la jaula; 2 loros más fueron puestos en ella. ¿Cuántos loros hay ahora en la jaula? **R.:** 4 loros.

28. Un cantante grabó 2 canciones anteayer, 2 canciones ayer, y 2 hoy. ¿Cuántas canciones grababa por completo? **R.:** 6 canciones.

29. El gatito tiene 3 bigotes a la derecha y 3 a la izquierda. ¿Cuántos bigotes tiene el gatito? **R.:** 6 bigotes.

30. Anna Patel tiene 5 años. Tiene 2 hermanos y 3 hermanas. ¿Cuántos niños hay en su familia? **R.:** 6 niños.
    Solución: Anna más sus 2 hermanos y 3 hermanas es igual a 6 niños.

31. Tengo 5 gatitos y Kerry no tiene ninguno. ¿Cuántos gatitos tenemos juntos? **R.:** 5 gatitos.

32. Una tienda tiene 2 pasillos en la parte delantera y 3 en la parte posterior. ¿Cuántos pasillos tiene la tienda? **R.:** 5 pasillos.

33. 2 casas en la orilla derecha del río y 3 casas a la izquierda. ¿Cuántas casas hay en el río? **R.:** 5 casas.

34. Hugo tiene 3 autos de juguete. ¿Cuántos más necesita para hacer 4? **R.:** 1 auto.

35. Nadia horneó 2 pasteles. ¿Cuántos tiene que hornear para hacer 4? **R.:** 2 pasteles.

36. Henry tiene 4 lápices amarillos y 1 lápiz rojo. ¿Cuántos lápices tiene? **R.:** 5 lápices.

37. Yoda metió 3 pies de altura y creció 2 pies más. ¿Cuántos pies tiene ahora? *R.:* 5 pies.

38. En el autobús, hay 1 niño con un sombrero y 4 niños sin sombreros. ¿Cuántos niños hay en el autobús? *R.:* 5 niños.

39. Mi gatito atrapó 1 lagarto, 2 caracoles y 2 moscas. ¿Cuántas criaturas atrapó? *R.:* 5 criaturas.

40. Fiona bebió 3 vasos de agua, 2 vasos de limonada y 1 vaso de jugo. ¿Cuántos vasos bebió? *R.:* 6 vasos.

41. El viejo MacDonald tenía 2 vacas y 4 pollos en su granja. ¿Cuántos animales tenía? *R.:* 6 animales.

SUMA HASTA 9

LA REGLA REVERSIBLE

La regla: al agregar dos números podemos cambiar el orden de los números y la suma seguirá siendo la misma.

Ejemplo:

3 + 4 = 7 y 4 + 3 = 7

5 + 4 = 9 y 4 + 5 = 9

Además, podemos cambiar de lugar todos los números y la respuesta seguirá siendo la misma. Mira:

1 + 2 + 3 = 6   3 + 2 + 1 = 6

2 + 1 + 3 = 6   3 + 1 + 2 = 6

EJERCICIO I

- Cuenta hacia adelante hasta 19 comenzando desde 0. Cuenta hacia atrás desde 19 hasta 0.

- Cuenta hacia atrás desde 19 hasta 1 omitiendo cada otro número (p.ej., 19, 17, 15, 13, 11, 9, etc.)

- Cuenta desde 1 hasta 20, omitiendo cada otro número (p.ej., 1, 3, 5, 7, etc.)

EJERCICIO II

Dale primero a tu hijo dos números y pídele que los sume. ¿Cuánto es 5 más 1? Por favor, haz estos problemas en columnas.

5 + 1 = 6	6 + 2 = 8	6 + 1 = 7	7 + 2 = 9	4 + 4 = 8
6 + 1 = 7	2 + 6 = 8	1 + 6 = 7	2 + 7 = 9	1 + 7 = 8
5 + 2 = 7	4 + 2 = 6	6 + 2 = 8	2 + 4 = 6	8 + 1 = 9
5 + 3 = 8	4 + 1 = 5	1 + 5 = 6	5 + 2 = 7	4 + 5 = 9
6 + 1 = 7	5 + 1 = 6	2 + 6 = 8	3 + 5 = 8	4 + 4 = 8
3 + 2 = 5	5 + 2 = 7	3 + 6 = 9	3 + 3 = 6	7 + 2 = 9
7 + 2 = 9	3 + 4 = 7	5 + 3 = 8	5 + 1 = 6	7 + 0 = 7

¿Cuánto es 3 + 3 + 3?

Solución: Primero suma 3 + 3 que es igual a 6; luego suma 6 más 3, 6 + 3 = 9. Entonces, 3 + 3 + 3 = 9

EJERCICIO III

4 + 2 = 6	4 + 2 + 0 = 6	4 + 4 + 1 = 9	1 + 2 + 3 = 6
5 + 2 = 7	3 + 4 + 1 = 8	6 + 2 = 8	6 + 3 = 9
6 + 2 = 8	1 + 2 + 3 = 6	5 + 2 = 7	2 + 2 + 2 = 6
3 + 3 = 6	1 + 2 + 1 = 4	3 + 4 = 7	3 + 6 = 9

EJERCICIO IV

- ¿Qué números vienen después de 6, pero antes de 9? **R.:** 7 y 8.
- ¿Qué número viene después de 3 pero antes de 5? **R.:** 4.
- ¿Qué número viene después de 5 pero antes de 7? **R.:** 6.
- ¿Qué números vienen después de 5 pero antes de 8? **R.:** 6 y 7.
- ¿Qué número sumado a 8 es igual a 9? **R.:** 1.
- ¿Qué número sumado a 6 es igual a 9? **R.:** 3.
- ¿Qué número sumado a 5 es igual a 9? **R.:** 4.
- ¿Qué número sumado a 7 es igual a 9? **R.:** 2.
- ¿Qué número sumado a 4 es igual a 9? **R.:** 5.
- ¿Qué número sumado a 2 es igual a 9? **R.:** 7.

PROBLEMAS DE PALABRAS

1. Hay 3 personas en la familia de John aparte de él. Un día, 2 amigos vinieron a cenar. ¿Cuántos platos puso John en la mesa para cenar esa noche? *R.:* 6 platos. ¡John también tiene que comer!

2. Cuatro pájaros estaban sentados en una rama. Luego vinieron 3 más. ¿Cuántos pájaros hay ahora? *R.:* 7 pájaros.

3. Por lo general, John tarda 4 minutos en prepararse, pero hoy pasó 2 minutos más de lo habitual. ¿Cuánto tiempo le tomó prepararse hoy? *R.:* 6 minutos.

4. Puja tiene 5 dólares y pidió prestados 2 más. ¿Cuánto dinero tiene? *R.:* 7 dólares.

5. El trabajo de Dan es barrer los escalones todos los días. Hay 3 escalones en la parte delantera y 4 en la parte posterior. ¿Cuántos pasos barre Dan todos los días? *R.:* 7 escalones.

6. Jill tenía 2 muñecas. Su madre le dio 1 más y luego su tía le dio 2 más. ¿Cuántas muñecas tiene ahora? *R.:* 5 muñecas.

7. La madre de Jane encontró 3 toallas sucias de Jane y 3 toallas sucias de Susan, ¿cuántas toallas tiene que lavar?" *R.:* 6 toallas.

8. Victoria plantó 1 cactus, 2 margaritas y 3 rosas. ¿Cuántas plantas plantó? *R.:* 6 plantas.

9. Bob tiene 5 años. ¿Cuántos años tendrá en 1 año? *R.:* 6.
   a) ¿En 2 años? *R.:* 7.
   b) ¿En 3 años? *R.:* 8.
   c) ¿En 4 años? *R.:* 9.

10. Un jardinero trabajaba 1 hora por la mañana y 5 horas por la tarde. ¿Cuántas horas trabajó? *R.:* 6 horas.

11. ¿Cuántas cortinas se necesitarán para 5 ventanas en la cocina y 3 ventanas en el comedor? *R.:* 8 cortinas.

12. Nuestra casa tiene 3 habitaciones arriba y 4 abajo. ¿Cuántas habitaciones hay en nuestra casa? *R.:* 7 habitaciones.

13. Si John tiene 4 cuadernos y Susan tiene 3 cuadernos, ¿cuántos cuadernos tienen juntos? *R.:* 7 cuadernos.

14. En la sala tenemos 2 sofás, 2 sillas y 3 mesas. ¿Cuántos muebles hay en la sala? ***R.:*** 7 muebles.

15. Coloque 4 vasos grandes y 3 pequeños en la mesa. ¿Cuántos vasos hay en la mesa? ***R.:*** 7 vasos.

16. Tengo 2 amigos que viven en mi calle y 4 amigos que viven lejos. ¿Cuántos amigos tengo? ***R.:*** 6 amigos.

17. Jen tiene 3 amigas y 4 amigos. ¿Cuántos amigas y amigos tiene? ***R.:*** 7 amigos en total.

18. ¿Cuántos panecillos hornea Curtis si pone 4 en una sartén y 4 en otra? ***R.:*** 8 panecillos.

19. Tyron comió 3 huevos, Susan comió 1 huevo y su padre comió 2 huevos. ¿Cuántos huevos comieron? ***R.:*** 6 huevos.

20. Mamá agregó 2 tazas de azúcar en la mezcla. Luego puso 5 tazas de harina. ¿Cuántas tazas de ingredientes añadió a la mezcla? ***R.:*** 7 tazas.

21. La mamá de Ángel le dio 2 estrellas por recoger los platos, 2 estrellas por mantener su escritorio limpio y 4 estrellas más por ayudar a su hermano. ¿Cuántas estrellas ganó Ángel? ***R.:*** 8 estrellas.

22. John lavó 4 perros, Susan lavó 2 y Sam lavó 2. ¿Cuántos perros lavaron todos juntos? ***R.:*** 8 perros.

23. Michael leyó 2 páginas en voz alta, Víctor leyó las siguientes 2, y Nina leyó las últimas 3 páginas de una historia. ¿Cuántas páginas leyeron todos juntos? ***R.:*** 7 páginas.

24. Los primeros 4 capullos de rosa florecieron. Luego florecieron 4 más. ¿Cuántos capullos han florecido? ***R.:*** 8 capullos.

25. Si George colgó 7 comederos de aves en el patio trasero y José puso 2 más, ¿cuántos comederos de aves hay en el patio trasero? ***R.:*** 9 comederos de aves.

26. Una ciudad tiene 3 bancas en el parque y planea poner 6 más. ¿Cuántas bancas habrá en el parque? ***R.:*** 9 bancas.

27. Nuestro equipo marcó 3 goles y el equipo invitado marcó 5. ¿Cuántos goles se marcaron en el juego? ***R.:*** 8 goles.

28. La tienda de bicicletas vende 4 cascos cada día. ¿Cuántos cascos vendieron ayer y hoy? ***R.:*** 8 cascos.

29. Si un equipo de baloncesto tiene 3 jugadores y 6 más están por llegar, ¿cuántos jugadores habrá en el equipo? ***R.:*** 9 jugadores.

30. Un poeta escribió 3 poemas por la mañana y 5 poemas por la tarde y ninguno por la noche. ¿Cuántos poemas escribió durante todo el día? ***R.:*** 8 poemas.

31. En la casa de John hay 4 alfombras en el primer piso y 3 alfombras en el segundo piso. Si tiene que aspirarlas todas, ¿cuántas alfombras aspirará en total? ***R.:*** 7 alfombras.

32. Había 6 personas en el autobús cuando recogió 3 pasajeros más. ¿Cuántas personas están en el autobús ahora? ***R.:*** 9 personas.

33. Cuatro pájaros estaban sentados en un árbol. Luego vinieron 5 más. ¿Cuántos pájaros hay en el árbol ahora? ***R.:*** 9 pájaros.

34. Por lo general, John tarda 7 minutos en prepararse para la escuela, pero pasó 2 minutos más lavándose los dientes esta mañana. ¿Cuánto tiempo le tomó prepararse? ***R.:*** 9 minutos.

35. Mamá sacó $5 para pagar las verduras, pero el granjero dijo: "Me debes $4 más". ¿Cuánto costaron las verduras? ***R.:*** $9.

36. Jena abrió 3 frascos de ciruelas, y Clara abrió 5 frascos. ¿Cuántos frascos se abrieron? ***R.:*** 8 frascos.

37. John tenía 2 camiones de juguete y su tía le dio 2 más; luego, su padre le dio 2 camiones más. ¿Cuántos camiones tiene ahora? ***R.:*** 6 camiones.

38. ¿Cuántas sillas necesitaremos para sentar a mamá, papá, abuela y 4 niños en una mesa? ***R.:*** 7 sillas.

39. Vic plantó 1 rosa, 2 margaritas y 3 tomates. ¿Cuántas flores plantó? ***R.:*** 6 flores.

40. Hay 7 postes de luz en un lado de la calle y 2 en el otro. ¿Cuántos hay en ambos lados? ***R.:*** 9 postes de luz.

41. Cuatro plomeros trabajaron 2 horas antes del almuerzo y 6 horas después del almuerzo. ¿Cuántas horas trabajaron en total? ***R.:*** 8 horas. Recuerda contar las horas, no los plomeros.

42. Ann guardaba 4 crayones en una caja y 5 en otra. ¿Cuántos crayones hay en ambas cajas? ***R.:*** 9 crayones.

43. Si John tiene 3 premios y Susan tiene 4, ¿cuántos premios tienen juntos? ***R.:*** 7 premios.

44. Veo 2 revistas en el sofá, 2 en la silla y 3 en la mesa de centro. ¿Cuántas revistas veo? ***R.:*** 7 revistas.

45. Me rasqué la nariz 6 veces con la mano derecha y 3 veces con la izquierda. ¿Cuántas veces me rasqué la nariz? ***R.:*** 9 veces.

46. ¿Cuántas páginas escribió Emily, si escribió 2 páginas hoy y 5 ayer? ***R.:*** 7 páginas.

47. John comió 2 ciruelas, Susan comió 1 y papá 4. ¿Cuántas ciruelas comieron? ***R.:*** 7 ciruelas.

48. Henry tenía 6 cuartos antes de que su madre le diera 2 más. ¿Cuántos cuartos tiene ahora? ***R.:*** 8 cuartos.

49. Tim perdió 5 canicas, y luego perdió 4 más. ¿Cuántas de sus canicas perdió? ***R.:*** 9.

50. John encontró 4 pelotas de golf, y Will y Andy encontraron 2 cada uno. ¿Cuántas pelotas de golf encontraron los tres? ***R.:*** 8 pelotas
    Solución: 4 pelotas que John encontró + 2 pelotas que Will encontró = 6 pelotas. Luego 6 pelotas + 2 pelotas que Andy encontró es igual a 8 pelotas.

51. George tiene 2 peces dorados, y James tiene 7. ¿Cuántos peces dorados tienen ambos? ***R.:*** 9 peces dorados.

52. Un granjero tenía 3 pollos, y compró 5 más. ¿Cuántos pollos tiene ahora? ***R.:*** 8 pollos.

53. Este año nuestro perro tuvo 4 cachorros, el año pasado tuvo 3 cachorros y el año anterior solo 1. ¿Cuántos cachorros tuvo en total? ***R.:*** 8 cachorros.

54. Hay 3 barras de jabón en una caja, 2 en otra y 3 barras más de jabón en la tercera. ¿Cuántas barras de jabón hay? ***R.:*** 8 barras de jabón.

55. Hay 3 botellas de champú en un estante, 3 en otro, y 2 más en el tercero. ¿Cuántas botellas hay? ***R.:*** 8 botellas.

56. Mamá plantó 4 margaritas y 3 rosas. ¿Cuántas plantas plantó en el jardín? ***R.:*** 7 plantas.

57. Mamá había plantado 7 plantas y luego plantó 2 más. ¿Cuántas plantas hay ahora en el lecho de flores? ***R.:*** 9 plantas.

RESTA CON NÚMEROS DE HASTA 6

La resta es lo opuesto a la suma. Cuando restamos un número, quitamos ese número. También podemos usar la resta para encontrar la diferencia entre dos números.

EJERCICIO I

- Cuenta hacia atrás de 12 (es decir, 12, 11, 10... y 0)
- Cuenta hacia atrás de 12 por 2 (es decir, 12, 10, 8... y 0)
- Cuenta hacia atrás de 12 por 3 (es decir, 12, 9, 6... y 0)

¡En la resta el orden es muy importante! 3 menos 1 es igual a 2, pero 1 menos 2 no es igual a 3.

EJERCICIO II

2 - 1 = 1	3 - 1 = 2	3 - 2 = 1	3 - 1 = 2	4 - 1 = 3
4 - 2 = 2	4 - 3 = 1	4 - 4 = 0	5 - 0 = 5	5 - 1 = 4
5 - 2 = 3	5 - 4 = 1	6 - 1 = 5	5 - 1 = 4	5 - 2 = 3
6 - 6 = 0	6 - 1 = 5	6 - 2 = 4	6 - 3 = 3	6 - 4 = 3
6 - 5 = 1	1 - 1 = 0	6 - 3 = 3	4 - 2 = 2	4 - 3 = 1
3 - 3 = 0	5 - 2 = 3	2 - 1 = 1	6 - 2 = 4	6 - 1 = 5
5 - 1 = 4	4 - 3 = 1	5 - 4 = 1	6 - 2 = 4	6 - 4 = 2
6 - 5 = 1	5 - 3 = 2	5 - 4 = 1	6 - 1 = 5	2 - 2 = 0

4 - 2 = 2	6 - 2 = 4	5 - 2 = 3	3 - 1 = 2	6 - 3 = 3
4 - 3 = 1	6 - 3 = 3	5 - 5 = 0	6 - 3 = 3	3 - 2 = 1

EJERCICIO III

1. ¿Cuál número hay que restarle al 4 para obtener 3? ***R.:*** 1.
2. ¿Cuál número hay que restarle al 4 para obtener 2? ***R.:*** 2.
3. ¿Cuál número hay que restarle al 3 para obtener 1? ***R.:*** 2.
4. ¿Cuál número hay que restarle al 2 para obtener 0? ***R.:*** 2.
5. ¿Cuál número hay que restarle al 5 para obtener 4? ***R.:*** 1.
6. ¿Cuál número hay que restarle al 5 para obtener 3? ***R.:*** 2.
7. ¿Cuál número hay que restarle al 5 para obtener 1? ***R.:*** 4.
8. ¿Cuál número hay que restarle al 6 para obtener 6? ***R.:*** 0.
9. ¿Cuál número hay que restarle al 6 para obtener 3? ***R.:*** 3.
10. ¿Cuál número hay que restarle al 6 para obtener 4? ***R.:*** 2.
11. ¿Cuál número hay que restarle al 6 para obtener 2? ***R.:*** 4.
12. ¿Cuál número hay que restarle al 4 para obtener 1? ***R.:*** 3.

PROBLEMAS DE PALABRAS

1. Cuatro pájaros estaban sentados en la rama; luego 2 volaron. ¿Cuántos pájaros se quedaron en la rama? ***R.:*** 2 pájaros.
2. Una familia dispuso de 3 horas para limpiar el patio. Trabajaron 2 horas. ¿Cuánto tiempo más funcionarán? ***R.:*** 1 hora.
3. La historia tiene 5 páginas. Leí 2 páginas. ¿Cuántas páginas quedan? ***R.:*** 3 páginas.
4. Nuestro equipo anotó 5 puntos. El equipo invitado anotó 3. ¿Cuántos puntos se necesitarían para que el equipo invitado empate el partido? ***R.:*** 2. puntos.
   Solución: Se necesitan 5 puntos para empatar el juego para los invitados. Ya tienen 3; luego 5 - 3 = 2. Se necesitarán 2 puntos para que el otro equipo empate el partido.

5. Había 3 manzanas deliciosas en la mesa. Comí 2 y mi hermanita comió 1. ¿Cuántas manzanas quedan para mi hermano mayor? ***R.:*** 0 manzanas.

6. Solo había 5 bonitos capullos de rosa en el arbusto. Jane cortó 2 de estos para llevárselos a su maestro. ¿Cuántos capullos de rosa hay en la planta? ***R.:*** 3 capullos de rosa.

7. Un marinero vio 4 gaviotas y 2 pelícanos. ¿Cuántas gaviotas más que pelicanos vio el marinero? ***R.:*** 2 gaviotas.

8. Había 6 cuerdas en mi guitarra. Jerry rompió 2 de las cuerdas hoy. ¿Cuántas cuerdas le quedan por romper? ***R.:*** 4 cuerdas.

9. Nuestro gato tuvo 4 gatitos. 3 de los gatitos son marrones y el otro gris. ¿Cuántos no son marrones? ***R.:*** 1 gatito.

10. Hay un set de 6 platos para cenar. Hoy, 4 personas se sentaron a cenar. ¿Cuántos platos se quedaron en la despensa? ***R.:*** 2 platos.

11. Mark prometió reemplazar 6 bombillas en el salón de clases. Reemplazó solo 3. ¿Cuántos más necesita reemplazar para cumplir su promesa? ***R.:*** 3 bombillas.

12. Chris se encarga de 5 limoneros. Regó 4 de ellos. ¿Cuántos quedan por regar? ***R.:*** 1 limonero.

13. La familia Martínez tiene 6 hijos. 5 están en la universidad, lejos de casa. ¿Cuántos hijos siguen en casa? ***R.:*** 1 hijo.

14. La compañía de señor Juárez tiene 5 camiones. Un camión está en la carretera. ¿Cuántos hay en el garaje? ***R.:*** 4 camiones.

15. Erika trajo 6 lápices para la prueba. Le dio 2 lápices a Mónica y 1 lápiz a Bill. ¿Cuántos lápices tiene ahora? ***R.:*** 3 lápices (6 - 2 = 4; luego 4 - 1 = 3).

16. Chloe sacó 5 huevos para hacer un pastel. Se le cayó 1 en el suelo y usó 1 para hornear. ¿Cuántos huevos puso en la nevera? ***R.:*** 3 huevos.

17. Intenté llamar a mis abuelos 4 veces esta semana. El número estuvo ocupado 2 veces. ¿Cuántas veces repicó? ***R.:*** 2 veces.

18. El porche de Katia tiene 5 escalones. Su cachorro subió 3 escalones. ¿Cuántos pasos más necesita el cachorro para llegar a la cima? ***R.:*** 2 pasos.

19. Había 5 ciruelas en el mostrador. Mi hermana y yo comimos 1 cada uno. ¿Cuántas ciruelas quedan en el mostrador? ***R.:*** 3 ciruelas.

20. Había 6 crayones en la caja. Connor sacó 1 crayón rojo y 1 crayón azul. ¿Cuántos crayones quedan en la caja? ***R.:*** 4 crayones.

21. Kelly trajo 4 regalos para sus amigos a la escuela. Un amigo tenía una cita con el dentista y faltó a la escuela ese día. ¿Cuántos amigos recibieron sus regalos? ***R.:*** 3 amigos.

22. Lucia plantó 3 árboles y María plantó 6. ¿Cuántos árboles más plantó María que Lucy? ***R.:*** 3 árboles.

23. Olga nadó 5 vueltas en la piscina. Tim nadó 2 vueltas menos que Olga. ¿Cuántas vueltas nadó Tim? ***R.:*** 3 vueltas.

24. Leah pagó un libro con un billete de $5 y recibió $1 de cambio. ¿Cuánto costó el libro? ***R.:*** $4.

25. Un autobús escolar tiene 6 asientos. 4 estudiantes están en el autobús. ¿Cuántos asientos están vacíos? ***R.:*** 2 asientos.

26. Doris puede hacer 4 flexiones. Su amiga solo puede hacer 2. ¿Cuántas flexiones más puede hacer Doris? ***R.:*** 2 flexiones más que su amiga.

27. Tanya puede cruzar su entrada en 6 saltos. Se detuvo después de 2 saltos. ¿Cuántos saltos más le quedan para llegar al otro lado? ***R.:*** 4 saltos.

28. Había 5 personas en la parada de autobús. Ahora, solo hay 2. ¿Cuántas personas se subieron al autobús? ***R.:*** 3 personas.

29. Mi sobrina de un año tiene 6 dientes. La última vez que la vi tenía 2 dientes. ¿Cuántos dientes nuevos le crecieron? ***R.:*** 4 dientes nuevos.

30. Un insecto tiene 6 patas y 2 alas. ¿Cuántas patas más tiene que las alas? ***R.:*** 4 patas más que alas.

31. Había 4 camisetas tiradas en el sofá. Papá recogió 1 y Steve recogió 3. ¿Cuántas camisetas hay en el sofá ahora?
 R.: 0 o ninguna. Siempre recoge tus camisetas.

32. Harold puso 6 cerezas en su plato, pero ahora solo hay 5. ¿Cuántas cerezas faltan? **R.:** 1 cereza.

33. Una oveja negra le dio al amo 3 bolsas de lana. Una para el amo y otra a la dama. ¿Cuántas quedaron para un niño de la calle?
 R.: 1 bolsa.

34. Matias tiene $3. ¿Cuánto necesita pedir prestado para tener $5?
 R.: $2.

35. El equipo tiene 4 jugadores. ¿Cuántos más necesita para hacer 6?
 R.: 2 jugadores.I

36. Para el concierto aprendí 2 canciones. ¿Cuántas canciones más necesito para aprender para que sean 6? **R.:** 4 canciones.

37. Julia tiene 6 años.
 a) ¿Qué edad tenía hace 3 años? **R.:** 3 años.
 b) ¿Qué edad tenía hace 2 años? **R.:** 4 años.
 c) ¿Qué edad tenía hace 4 años? **R.:** 2 años.

38. Eduardo hizo 4 lecciones por la mañana, y luego 3 por la tarde. ¿Cuántas lecciones hizo en total? **R.:** 7 lecciones.

39. Hay 5 pájaros sentados en una rama. 2 volaron lejos. ¿Cuántos hay en la rama ahora? **R.:** 3 pájaros.

40. Susan compró 6 metros de tela en una tienda, y 3 metros en otra. ¿Cuántos metros tiene ahora? **R.:** 9 metros.

41. Mamá le dio a Harry $6. La hermana de Harry le pidió prestados $2. ¿Cuánto tiene ahora? **R.:** $4.

42. Alan comió 4 naranjas, y Arthur comió 3. ¿Cuántas naranjas comieron? **R.:** 7 naranjas.

43. Ella pagó 3 monedas por un lápiz, y 5 monedas por un cuaderno. ¿Cuánto pagó por ambos? **R.:** 8 monedas.

44. Hay 5 peras en una rama, 2 están maduras. ¿Cuántas peras todavía están verdes? **R.:** 3 peras.

45. Alice comió 4 zanahorias, y su madre también comió 4. ¿Cuántas zanahorias comieron? ***R.:*** 8. Las zanahorias son buenas para niños y adultos.

46. Ella escogió 4 bolsas de cerezas, y José escogió 4. ¿Cuántas bolsas escogieron? ***R.:*** 8 bolsas.

47. Un agricultor plantó 6 hectáreas de tierra. 2 hectáreas con papas, y el resto tienen maíz. ¿Cuántas hectáreas cultivan maíz? ***R.:*** 4 hectáreas.

48. Anna hizo 6 pasteles, y su familia se comió 4 de ellos el mismo día. ¿Cuántos pasteles quedan? ***R.:*** 2 pasteles.

49. Un hombre puede cavar 6 hoyos y otro puede llenar 3 en un día. ¿Cuántos agujeros habrá al final del día si uno cava y el otro llena? ***R.:*** 3 agujeros.

50. Hay 4 caballos en un prado, y 5 en otro. ¿Cuántos caballos hay en ambos? ***R.:*** 9 caballos.

51. Jasper tenía 6 libros y regaló 2. ¿Cuántos libros tiene ahora? ***R.:*** 4 libros.

52. Si un pez dorado vale $2 y una estrella de mar $4, ¿cuánto costarían ambos? ***R.:*** $6.

53. La familia pescó 5 peces y comió 3 esa noche. ¿Cuántos quedaron para el día siguiente? ***R.:*** 2 peces.

54. Una pequeña tetera baja y robusta tenía 5 tazas de té. Se derramaron 4 tazas. ¿Cuántas tazas de té tiene todavía? ***R.:*** 1 taza.

SUMA HASTA 10

EJERCICIO I

- Cuenta de 50 a 100.
- ¿Puedes contar hacia atrás de 100 a 80?

EJERCICIO II

2 + 1 = 3	2 + 2 = 4	2 + 4 = 6	2 + 6 = 8	3 + 2 = 5
3 + 3 = 6	3 + 4 = 7	3 + 5 = 8	2 + 2 = 4	4 + 2 = 6
4 + 3 = 7	4 + 4 = 8	4 + 5 = 9	1 + 6 = 7	6 + 2 = 8
6 + 3 = 9	6 + 2 = 8	5 + 2 = 7	3 + 2 = 7	2 + 2 = 4
3 + 3 = 6	4 + 3 = 7	5 + 3 = 8	6 + 3 = 9	5 + 2 = 7
5 + 3 = 8	5 + 4 = 9	6 + 1 = 7	6 + 2 = 8	6 + 3 = 9

EJERCICIO III

- ¿Qué número se suma a 4 para que sea igual a 9? **R.:** 5.
- ¿Qué número se suma a 5 para que sea igual a 8? **R.:** 3.
- ¿Qué número se suma a 4 para que sea igual a 8? **R.:** 4.
- ¿Qué número se suma a 3 para que sea igual a 9? **R.:** 6.
- ¿Qué número se suma a 9 para que sea igual a 9? **R.:** 0.
- ¿Qué número se suma a 2 para que sea igual a 7? **R.:** 5.
- ¿Qué número se suma a 1 para que sea igual a 7? **R.:** 6.

- ¿Qué número se suma a 4 para que sea igual a 7? **R.:** 3.
- ¿Qué número se suma a 6 para que sea igual a 9? **R.:** 3.
- ¿Qué número se suma a 3 para que sea igual a 8? **R.:** 5.

EJERCICIO IV

5 + 5 = 10	9 + 1 = 10	10 + 0 = 10	2 + 4 = 6	8 + 2 = 10
6 + 4 = 10	8 + 2 = 10	3 + 4 = 7	4 + 3 = 7	7 + 3 = 10
5 + 5 = 10	7 + 2 = 9	2 + 7 = 9	4 + 4 = 8	3 + 7 = 10
5 + 4 = 9	7 + 3 = 10	4 + 5 = 9	3 + 3 = 6	5 + 2 = 7
4 + 6 = 10	6 + 3 = 9	3 + 4 = 7	3 + 5 = 8	1 + 6 = 7
8 + 1 = 9	6 + 4 = 10	5 + 5 = 10	3 + 6 = 9	3 + 4 = 7
7 + 2 = 9	4 + 4 = 8	6 + 3 = 9	4 + 3 = 7	4 + 3 = 7

PROBLEMAS DE PALABRAS

1. Una señorita compró 6 lapiceros rojos y 4 lapiceros azules. ¿Cuántos lapiceros compró? **R.:** 10 lapiceros.
2. En una clase hay 3 niños y 6 niñas. ¿Cuántos alumnos hay en la clase? **R.:** 9 alumnos.
3. Hay 7 palomas en un árbol, y 3 palomas en otro. ¿Cuántas palomas hay? **R.:** 10 palomas.
4. Un abrigo cuesta $8, y un par de botas $2. ¿Cuál fue el costo de ambos? **R.:** $10.
5. Planté 7 limoneros y 2 manzanos. ¿Cuántos árboles planté? **R.:** 9 árboles.
6. Robert se quedó con su tía durante 4 días y con su tío durante 6 días. ¿Cuántos días se quedó con ambos? **R.:** 10 días.
7. Fred tiene 5 patos y su hermano tiene 2. ¿Cuántos patos poseen? **R.:** ¡7 cuacs! Yo siento, patos.
8. Walter tenía 6 monedas y encontró 2 más. ¿Cuántas monedas tiene ahora? **R.:** 8 monedas.
9. Rose trabajó en 7 problemas, y Lily trabajó en 3. ¿Cuántos problemas hicieron ambas? **R.:** 10 problemas.

10. Isaac ganó 6 centavos, y luego le dio 3 a Kate. ¿Cuántos centavos tiene ahora? **R.:** 3 centavos.

11. Lewis le dio a su caballo 2 mazorcas de maíz el viernes, y 5 mazorcas el sábado. ¿Cuántas mazorcas de maíz comió el caballo? **R.:** 7 mazorcas de maíz.

12. Escondí 2 libros debajo de la mesa y 6 libros debajo del sofá. ¿Cuántos libros escondí? **R.:** 8 libros.

13. Tengo 2 rasguños por el arbusto y 3 por caer en el suelo. ¿Cuántos rasguños me tengo? **R.:** 5 rasguños.

14. Tengo 6 años.
    a) ¿Qué edad tendré en 3 años? **R.:** 9 años.
    b) ¿Qué edad tendré en 4 años? **R.:** 10 años.
    c) ¿Qué edad tenía hace 2 años? **R.:** 4 años.
    d) ¿Qué edad tenía hace 6 años? **R.:** Probablemente cero años.

15. Tengo 2 hermanos y 3 hermanas. ¿Cuántos niños hay en mi familia? **R.:** 6 niños (yo + 2 = 3; luego 3 + 3 = 6).

16. Practiqué piano durante 2 horas, guitarra durante 1 hora y batería durante 3 horas. ¿Cuántas horas practiqué en total? **R.:** 6 horas.

17. Jack tiene 7 camiones y Joey no tiene ninguno. ¿Cuántos camiones tienen juntos? **R.:** 7 camiones.

18. Ann lavó 8 platos y su hermano lavó 2. ¿Cuántos platos lavaron juntos? **R.:** 10 platos.

19. Hay 2 estantes en la pared. Cada estante tiene 4 vasos. ¿Cuántos vasos hay? **R.:** 8 vasos (4 + 4 = 8).

20. Si una regla cuesta $2, un lápiz $1 y un cuaderno $5, ¿Cuánto cuestan los tres? **R.:** $8.

21. Hay 3 huevos en un nido, y 4 en otro. ¿Cuántos huevos hay en ambos? **R.:** 7 huevos.

22. Tricia tiene 2 trenes de juguete, y James tiene 7. ¿Cuántos trenes tienen ambos? **R.:** 9 trenes.

23. Un granjero tenía 5 caballos y compró 4 más. ¿Cuántos tiene ahora? **R.:** 9 caballos.

24. Emily encontró 2 piñas de pino, y su hermana encontró 6. ¿Cuántas encontraron las dos? ***R.:*** 8 piñas de pino.

25. Hay 5 barras de jabón en una caja, y 2 en otra. ¿Cuántas barras hay en ambos? ***R.:*** 7 barras.

26. Jen tiene 3 años.

a) ¿Cuál será su edad dentro de 3 años? ***R.:*** 6 años.

b) ¿Qué edad tendrá en 5 años? ***R.:*** 8 años.

c) ¿Qué edad tendrá en 7 años? ***R.:*** 10 años.

27. Ali hizo 4 lecciones por la mañana, y 3 por la tarde. ¿Cuántas lecciones hizo? ***R.:*** 7 lecciones.

28. Hay 2 pájaros en mis manos, y 7 en el arbusto. ¿Cuántos pájaros hay? ***R.:*** 9 pájaros.

29. Susan compró 6 galletas en una tienda, y 2 en otra. ¿Cuántas galletas tiene ahora? ***R.:*** 8 galletas.

30. El padre de Talía le dio $3, y su madre le dio $7. ¿Cuánto dinero tiene? ***R.:*** $10.

31. Alan compró 5 naranjas, y Bertha compró 3. ¿Cuántas naranjas compraron? ***R.:*** 8 naranjas.

32. Hay 2 sillas en la habitación. Una silla tiene 4 patas y la otra también tiene 4 patas. ¿Cuántas patas hay en total? ***R.:*** 8 patas.

33. María escogió 5 rosas, y Emma escogió 4. ¿Cuántas escogieron las dos? ***R.:*** 9 rosas.

34. El pequeño Jack Horner metió los dedos en un pastel y sacó 3 ciruelas. Luego lo hizo de nuevo y sacó 5 ciruelas. ¿Cuántas ciruelas sacó? ***R.:*** 8 ciruelas.

35. Una chaqueta tiene 2 bolsillos. Hay $5 en cada bolsillo. ¿Cuánto dinero hay en ambos? ***R.:*** $10.

36. Erik tenía 5 autos eléctricos y rompió 4. ¿Cuántos autos funcionan ahora? ***R.:*** 1 auto.

37. Hay 7 alfombras arriba y 2 alfombras en la planta baja. Si las aspirara todas, ¿cuántas estarían limpias? ***R.:*** 9 alfombras.

38. La contraseña secreta tiene 4 letras y 5 números. ¿Cuántas letras y números hay en la contraseña? ***R.:*** 9 letras y números.

39. ¿Cuántas dos combinaciones de números juntos harán 10? **R.:** 6 combinaciones. Estos son: 1 + 9 = 10, 2 + 8 = 10, 3 + 7 = 10, 4 + 6 = 10, 5 + 5 = 10. Y no olvides que 10 + 0 también es igual a 10.

40. Jack tenía 8 caramelos. Su madre le dio 2 más. ¿Cuántos tiene ahora? **R.:** 10 caramelos.

41. Jill tenía 4 caramelos y Jack le dio 6 más. ¿Cuántos tiene? **R.:** 10 caramelos.

42. Tengo 3 camisas blancas y 3 camisas negras en mi maleta. ¿Cuántas camisas blancas y negras tengo? **R.:** 6 camisas.

43. Hay 4 niños y 4 chicas en la habitación. ¿Cuántos niños hay en la habitación? **R.:** 8 niños.

44. Tenía 2 alfileres y luego me dieron 8 más. ¿Cuántos alfileres tengo ahora? **R.:** 10 alfileres.

45. Tengo 3 monedas en una mano y 6 monedas en la otra. ¿Cuántas monedas tengo? **R.:** 9 monedas.

46. La mamá de Mary le dijo que tomara 2 manzanas de la mesa y 6 manzanas de la despensa para hacer un pastel. ¿Cuántas manzanas tomó Mary? **R.:** 8 manzanas.

47. Annie puso 2 monedas sobre la mesa, su hermano puso 8 más. ¿Cuántas monedas hay sobre la mesa? **R.:** 10 monedas.

48. Jill comió 1 ciruela, 3 manzanas y 5 galletas. ¿Cuántos alimentos comió? **R.:** 9 alimentos.

49. Camilla tiene 4 vestidos rojos, 4 vestidos amarillos y 1 vestido verde. ¿Cuántos vestidos tiene? **R.:** 9 vestidos.

50. Puse 4 uvas en un plato. Luego puse 3 uvas más. ¿Cuántas uvas hay en el plato? **R.:** 7 uvas.

51. Tengo 3 amigos y luego 3 niños más se convierten en mis amigos. ¿Cuántos amigos tengo ahora? **R.:** 6 amigos.

52. Hay 7 niños y 2 niñas en la habitación. ¿Cuántos niños hay en la habitación? **R.:** 9 niños.

53. 7 pelotas y luego me dieron 3 más. ¿Cuántas pelotas tengo ahora? **R.:** 10 pelotas.

54. Tengo 5 monedas en una mano y 4 monedas en la otra. ¿Cuántas monedas tengo? **R.:** 9 monedas.

SUMA Y RESTA HASTA 10

EJERCICIO I

- *Cuenta de 20 a 50.*
- *¿Puedes contar hacia atrás de 50 a 1?*

EJERCICIO II

4 + 2 = 7	8 + 2 = 10	4 + 4 = 8	5 + 5 = 10
4 + 4 = 8	3 + 3 = 6	5 - 2 = 3	2 + 4 = 6
3 + 5 = 8	6 - 3 = 3	2 + 4 = 6	3 + 4 = 7
4 + 4 = 8	4 + 5 = 9	5 + 2 = 7	5 + 3 = 8
5 + 4 = 9	6 + 1 = 7	6 + 2 = 8	6 + 3 = 9
6 + 2 = 8	6 + 1 = 7	2 + 5 = 7	2 + 7 = 9
9 + 1 = 10	2 + 8 = 10	7 + 3 = 10	6 + 3 = 9
4 + 6 = 10	5 + 5 = 10	5 + 2 = 7	5 + 4 = 9
5 + 2 + 2 = 9	5 + 1 + 1 = 7	3 + 3 + 2 = 8	4 + 1 + 2 = 7

EJERCICIO III

8 - 2 = 6	9 - 2 = 7	10 - 4 = 6	6 - 3 = 3
7 - 3 = 4	8 - 4 = 4	9 - 3 = 6	8 - 5 = 3
6 - 5 = 1	10 - 2 = 8	8 - 3 = 5	7 - 4 = 3
8 - 3 = 5	9 - 4 = 5	9 - 4 = 5	8 - 3 = 5
9 - 3 = 6	7 - 2 = 5	8 - 5 = 3	9 - 5 = 4
8 - 5 = 3	8 - 7 = 1	9 - 7 = 2	8 - 3 = 5

8 - 2 = 6	10 - 4 = 6	10 - 9 = 1	10 - 6 = 4
10 - 5 = 5	10 - 6 = 4	10 - 7 = 3	9 - 4 = 5
8 - 8 = 0	9 - 2 = 7	9 - 8 = 1	10 - 3 = 7

PROBLEMAS DE PALABRAS

1. Un hombre compró 6 bolígrafos rojos y 4 bolígrafos azules. ¿Cuántos bolígrafos compró? **R.:** 10 bolígrafos.
2. En una caja hay 3 libros y 6 cuadernos. ¿Cuántas cosas hay en la caja? **R.:** 9 libros y cuadernos.
3. Hay 7 murciélagos en una casa de murciélagos, y solo 3 murciélagos en otra. ¿Cuántos murciélagos hay? **R.:** 10 murciélagos.
4. Una gorra cuesta $3, y un par de calcetines $5 ¿Cuánto cuestan ambos? **R.:** $8.
5. Vi 7 autos amarillos y 3 autos rojos. ¿Cuántos autos vi? **R.:** 10 autos.
6. Jackie jugó con sus muñecas durante 4 días y con sus camiones durante 6 días. ¿Cuántos días jugó? **R.:** 10 días.
7. Un estanque tiene 5 patos y 2 peces grandes. ¿Cuántos patos y peces tiene el estanque? **R.:** 7.
8. Nina tenía 6 monedas y encontró 3 más. ¿Cuántas monedas tiene ahora? **R.:** 9 monedas.
9. Rosa plantó 3 margaritas, 7 claveles, pero no rosas. ¿Cuántas flores plantó? **R.:** 10 flores.
10. El Sr. Barriga comió 4 perritos calientes antes de su siesta y 4 perritos calientes después. ¿Cuántos perritos calientes comió? **R.:** 8 perritos calientes.
11. 5 ranas nadaron a través del arroyo; luego 3 más lo hicieron. ¿Cuántas ranas nadaron a través del arroyo? **R.:** 8 ranas.
12. Liz rebotó la pelota 4 veces; luego 2 veces y después una más. ¿Cuántas veces rebotó la pelota? **R.:** 7 veces.
13. La escuela compró 4 pelotas nuevas de fútbol, 3 pelotas nuevas de baloncesto y 2 pelotas nuevas de fútbol. ¿Cuántas pelotas nuevas compró la escuela? **R.:** 9 pelotas.

14. El Sr. Li hizo 6 palillos y el Sr. Lu hizo 3. ¿Cuántos hicieron los dos? ***R.:*** 9 palillos.

15. Hansen dejó caer 4 guijarros y Gretel dejó caer 5. ¿Cuántos guijarros se les cayeron a ambos? ***R.:*** 9 guijarros.

16. La abuela tomó 3 píldoras por la mañana, 3 por la tarde y 3 más antes de acostarse. ¿Cuántas pastillas tomó en total? ***R.:*** 9 pastillas.

17. Un sastre puso 3 parches en los pantalones del payaso y 5 parches en su camisa, y 2 en su sombrero. ¿Cuántos parches hay? ***R.:*** 10 parches.

18. Hay un billete de $1, $2 y $5 en la billetera. ¿Cuánto dinero hay? ***R.:*** $8.

19. Suma 5 más 2; luego suma 3. ¿Cuánto es? ***R.:*** 10.

20. Un equipo de fútbol americano anotó 6 puntos por un touchdown, 1 punto extra y luego 3 puntos más para goles de campo. ¿Cuántos puntos hay en total? ***R.:*** 10 puntos (6 + 1 = 7; luego 7 + 3 = 10).

21. Un pingüino caminó 4 pies, se detuvo y caminó 5 pies más. ¿Cuántos pies anduvo? ***R.:*** 9 pies.

22. Un gatito lamió su pata derecha 5 veces y la pata izquierda 5 veces. ¿Cuántas veces se lamió? ***R.:*** 10 veces.

23. Max, un perro Perdiguero, cavó 3 huesos en frente del patio y 6 huesos en la parte trasera. ¿Cuántos huesos cavó? ***R.:*** 9 huesos.

24. Un poeta escribió 3 poemas; luego 4 más y después 3 más. ¿Cuántos poemas escribió? ***R.:*** 10 poemas.

25. En una jaula había 4 loros. Después, Morris metió 6 loros más. ¿Cuántos loros hay ahora? ***R.:*** 10 toros. *¡Uy, lo siento! Loros, no toros.*

26. Tres cerditos y 7 enanos salieron a dar un paseo. ¿Cuántos personajes salieron a dar un paseo? ***R.:*** 10 personajes.

27. Jamie perdió 4 dientes de la parte superior y 4 de la parte inferior de su boca. ¿Cuántos dientes perdió? ***R.:*** 8 dientes.

28. Hay 5 botes de basura en un lado de la calle y 3 en el otro. ¿Cuántos botes de basura hay? ***R.:*** 8 botes de basura.

29. Tina puede saltar 2 veces en su pie derecho y 8 veces en el izquierdo. ¿Cuántas veces puede saltar con ambos pies?
R.: Probablemente más, porque saltar en ambos pies es mucho más fácil que en un pie.

30. Leona puso 4 imanes en la puerta derecha del refrigerador y 6 en la izquierda. ¿Cuántos imanes hay? **R.:** 10 imanes.

RESTA CON NÚMEROS DE HASTA 10

EJERCICIO I

- Cuenta hacia atrás de 12 por 1 (es decir, 12, 11, 10, 9, 8, etc.)
- Cuenta hacia atrás de 12 por 2 (es decir, 12, 10, 8, 6, etc.)
- Cuenta hacia atrás de 10 por 3 (es decir, 10, 7, 4 y 1)
- Cuenta hacia atrás de 9 por 2 (es decir, 9, 7, 5, 3 y 1)
- Cuenta hacia atrás de 9 por 3 (es decir, 9, 6, 3 y 0)
- Cuenta hacia atrás de 10 por 4 (es decir, 10, 6 y 2)
- Cuenta hacia atrás de 9 por 4 (es decir, 9, 5, y 1)

EJERCICIO II

En los siguientes problemas, pregunta la diferencia de los dos primeros números, y luego el tercero. Por ejemplo: cuánto es 9 menos 5 y luego cuánto es 9 menos 5 menos 2.

9 - 6 = 3	10 - 4 = 6	9 - 5 = 4	8 - 6 = 2
7 - 5 = 2	6 - 4 = 2	5 - 3 = 2	4 - 2 = 2
8 - 5 = 3	9 - 3 = 6	7 - 3 = 4	9 - 5 = 4
10 - 6 = 4	10 - 5 = 5	10 - 7 = 3	10 - 8 = 2
9 - 4 = 5	9 - 3 = 6	8 - 2 = 6	9 - 4 = 5
10 - 3 = 7	8 - 4 = 4	9 - 3 = 6	10 - 5 = 5
10 - 3 - 3 = 4	10 - 4 - 4 = 2	10 - 5 - 4 = 1	10 - 3 - 4 = 3
10 - 2 - 2 = 6	10 - 9 - 1 = 0	10 - 5 - 2 = 3	10 - 2 - 3 = 5

EJERCICIO III

- ¿Cuánto hay que restarle al 9 para que sea igual a 8? **R.:** 1.
- ¿Cuánto hay que restarle al 10 para que sea igual a 8? **R.:** 2.
- ¿Cuánto hay que restarle al 8 para que sea igual a 5? **R.:** 3.
- ¿Cuánto hay que restarle al 8 para que sea igual a 3? **R.:** 5.
- ¿Cuánto hay que restarle al 9 para que sea igual a 6? **R.:** 3.
- ¿Cuánto hay que restarle al 9 para que sea igual a 4? **R.:** 5.
- ¿Cuánto hay que restarle al 7 para que sea igual a 5? **R.:** 2.
- ¿Cuánto hay que restarle al 8 para que sea igual a 4? **R.:** 4.
- ¿Cuánto hay que restarle al 10 para que sea igual a 6? **R.:** 4.
- ¿Cuánto hay que restarle al 10 para que sea igual a 5? **R.:** 5.
- ¿Cuánto hay que restarle al 8 para que sea igual a 2? **R.:** 6.
- ¿Cuánto hay que restarle al 10 para que sea igual a 3? **R.:** 7.

EJERCICIO IV

- ¿Cuáles son los dos números que sumados es igual a 4? **R.:** 1 y 3; 2 y 2; 4 y 0.
- ¿Cuáles son los dos números que sumados es igual a 5? **R.:** 1 y 4; o 2 y 3; o 5 y 0.
- ¿Cuáles son los dos números que sumados es igual a 6? **R.:** 1 y 5; 2 y 4; 3 y 3; 0 y 6.
- ¿Cuáles son los dos números que sumados es igual a 7? **R.:** 1 y 6; 2 y 5; 3 y 4; 0 y 7.
- ¿Cuáles son los dos números que sumados es igual a 8? **R.:** 1 y 7; 2 y 6; 3 y 5; 4 y 4; 0 y 8.
- ¿Cuáles son los dos números que sumados es igual a 9? **R.:** 1 y 8; 2 y 7; 3 y 6; 4 y 5; 0 y 9.
- ¿Cuáles son los dos números que sumados es igual a 4? **R.:** 1 y 3; 2 y 2; 4 y 0.
- ¿Cuáles son los dos números que sumados es igual a 5? **R.:** 1 y 4; o 2 y 3; o 5 y 0.

- ¿Cuáles son los dos números que sumados es igual a 6? ***R.:*** 1 y 5; 2 y 4; 3 y 3; 0 y 6.
- ¿Cuáles son los dos números que sumados es igual a 7? ***R.:*** 1 y 6; 2 y 5; 3 y 4; 0 y 7.
- ¿Cuáles son los dos números que sumados es igual a 8? ***R.:*** 1 y 7; 2 y 6; 3 y 5; 4 y 4; 0 y 8.
- ¿Cuáles son los dos números que sumados es igual a 9? ***R.:*** 1 y 8; 2 y 7; 3 y 6; 4 y 5; 0 y 9.

PROBLEMAS DE PALABRAS

1. De 6 cerezos en el parque, solo 2 están floreciendo. ¿Cuántos más florecerán después? ***R.:*** 4 cerezos.
2. De cada 8 estudiantes en nuestra banda escolar, 3 son niñas. ¿Cuántos niños hay en la banda? ***R.:*** 5 niños.
3. Una tienda de mascotas tenía 8 peces en el tanque y vendió 6. ¿Cuántos peces quedaron a la venta? ***R.:*** 2 peces.
4. Diez chicas vinieron a la fiesta de cumpleaños de Laura. Después del pastel de cumpleaños, 5 chicas se fueron a casa y el resto se quedó a dormir. ¿Cuántas chicas durmieron? ***R.:*** 5 chicas.
5. Se necesitan 9 minutos de caminata para llegar a la escuela, pero solo 3 minutos para ir en bicicleta. ¿Cuántos minutos más se necesitan caminando a la escuela que andando en bicicleta? ***R.:*** 6 minutos.
6. Sin contar las colas, el hámster de Jay es 2 pulgadas más corto que su pájaro mascota. El pájaro mide 8 pulgadas de largo. ¿Cuánto mide el hámster? ***R.:*** 6 pulgadas.
   Solución: El pájaro es de 8 pulgadas y el hámster es 2 pulgadas menos. Luego, 8 pulgadas - 2 pulgadas es igual a 6 pulgadas.
7. Nash accidentalmente dejó caer 10 canicas. Buscó, pero solo encontró 8. ¿Cuántas de sus canicas perdió? ***R.:*** 2 canicas.
8. Nosotros cortamos la pizza en 8 pedazos. Luego, comimos 4 pedazos para el almuerzo. ¿Cuántos pedazos de pizza quedan? ***R.:*** 4 pedazos.

9. Sherlock Holmes tardó 6 minutos en salir del laberinto. El Doctor Watson tardó 4 minutos más. ¿Cuánto tiempo le tomó al Dr. Watson salir del laberinto? ***R.:*** 10 minutos.

10. Cinco de mis 7 deseos se hizo realidad. ¿Cuántos deseos más quedan por hacer realidad? ***R.:*** 2 deseos.

11. Erika y Gail compraron 10 pegatinas juntos. Erika compró 7. ¿Cuántas pegatinas compró Gail? ***R.:*** 3 pegatinas.

12. Mi tía trabaja 8 horas al día. Trabaja 4 horas antes del almuerzo. ¿Cuántas horas trabaja después del almuerzo? ***R.:*** 4 horas.

13. 8 asientos en la mesa. 5 personas se sentaron. ¿Cuántos asientos vacíos quedan? ***R.:*** 3 asientos.

14. El escritor de misterio siempre escribe 8 páginas al día. Esta mañana escribió solo 1. ¿Cuántas páginas más necesita escribir antes de que acabe el día? ***R.:*** 7 páginas.

15. Hay 9 papas en la bolsa. Saqué 3. ¿Cuántos hay en la bolsa ahora? ***R.:*** 6 papas.

16. Esta semana llovió durante 3 días. ¿Cuántos días pasaron sin llover? ***R.:*** 4 días. Consejo: una semana tiene 7 días.

17. Martes y miércoles son dos días de la semana que comienzan con la letra "M". ¿Cuántos días de la semana comienzan con una letra que no sea "M"? ***R.:*** 5 días. *¿Puedes nombrarlos? Lunes, jueves, viernes, sábado, domingo.*

18. En el aula hay 7 ventanas, 2 ventanas están abiertas. ¿Cuántas ventanas están cerradas? ***R.:*** 5 ventanas.

19. Mi padre mide 6 pies de altura. Yo solo mido 4 pies de altura. ¿Cuántos pies me faltan para alcanzar a mi padre? ***R.:*** 2 pies, pero estoy creciendo.

20. Chip tenía $10 pero gastó $4. ¿Cuánto dinero le queda? ***R.:*** $6.

21. Hay 7 millas entre mi casa y el lago. Caminé 5 millas hasta el lago, pero me cansé. ¿Cuántas millas más quedan para caminar antes de llegar allí? ***R.:*** 2 millas.

22. Arthur practica baloncesto a las 9 en punto. Ya son las 6 en punto. ¿Cuánto tiempo tiene antes de practicar? ***R.:*** 3 horas.

23. Había 8 camisas en el armario. 3 camisas están siendo lavadas y 1 está en la tintorería. ¿Cuántas camisas hay en el armario ahora? ***R.:*** 4 camisas (8 - 3 = 5; luego 5 - 1 = 4).

24. Mamá compró 7 sellos postales y usó 2 ayer y otros 2 hoy. ¿Cuántos sellos quedan? ***R.:*** 3 sellos (7 - 2 = 5; luego 5 - 2 = 3).

25. Fay recogió 7 manzanas del suelo y 2 del árbol. ¿Cuántas manzanas escogió? ***R.:*** 9 manzanas. Tiene que lavarlas antes de comer.

26. Jugando 8 juegos en un torneo de ajedrez, Darla perdió 3 y empató 3 juegos. ¿Cuántos juegos ganó? ***R.:*** 2 juegos (8 - 3 = 5; luego 5 - 3 = 2).

27. Gordon lanzó un dardo 9 veces y anotó 6 veces. ¿Cuántas veces se perdió? ***R.:*** 3 veces.

28. Había 7 gorriones en un árbol. Primero, 3 volaron lejos y luego 4 más volaron lejos. ¿Cuántos gorriones hay en el árbol ahora? ***R.:*** 0 gorriones.

29. El tío Jim planeaba tomar sus 9 sombreros en el crucero por el río, pero solo se llevó 5 de ellos.
a) ¿Cuántos sombreros dejó en casa? ***R.:*** 4 sombreros.
b) En el crucero, el viento sopló 2 de sus sombreros. ¿Cuántos sombreros conservó? ***R.:*** 3 sombreros (recuerda, llevó 5 sombreros al crucero, 5 - 2 = 3).
c) En un puerto de mar compró 6 sombreros nuevos. ¿Cuántos sombreros tiene para el resto de su crucero? ***R.:*** 9 sombreros (3 sombreros viejos + 6 sombreros nuevos 9 sombreros).

30. El director de la escuela recibió 9 mensajes y devolvió 6. ¿Cuántos mensajes están esperando para ser devueltos? ***R.:*** 3 mensajes.

31. Había 10 cajas de leche en el estante de la tienda. La tienda vendió 7. ¿Cuántas cajas hay en el estante ahora? ***R.:*** 3 cajas.

32. Javier tiene que lavarse los dientes todos los días. Esta semana olvidó lavarse los dientes dos veces. ¿Cuántas veces se cepilló Javier esta semana? ***R.:*** 5 veces. *¡Tu dentista no estará feliz, Javier!*

33. Michelle aprendió 7 nuevas palabras ortográficas. En la prueba deletreó 5 correctamente. ¿Cuántas palabras deletreó incorrectamente? ***R.:*** 2 palabras.

34. Jake lavó de sus 7 camisetas y 3 de su padre. ¿Cuántas camisetas lavó? ***R.:*** 10 camisas.

35. Sam le dio al empleado de la tienda un billete de 10 dólares. El empleado de la tienda le devolvió $4 a cambio. ¿Cuánto dinero gastó Sam en la tienda? ***R.:*** $6.

36. Rashid corrió una milla en 10 minutos, su hermana Reja lo hizo en 7 minutos. ¿Cuánto tiempo más tomó Rashid para correr la milla? ***R.:*** 3 minutos más.

37. El mes pasado compramos 9 frascos de mermelada. Hoy, solo nos quedan 2 frascos. ¿Cuántos frascos nos comimos? ***R.:*** 7 frascos. *Un poco demasiado, ¿no crees?*

38. Un grupo de 10 niños se fueron de viaje. Algunos niños se fueron a casa temprano de su viaje y solo quedaron 8. ¿Cuántos niños se fueron a casa temprano? ***R.:*** 2 niños.

39. Un grupo de 9 niños fue a ver una obra de teatro. 3 niños se sentaron en el balcón y el resto se sentaron en la sección de orquesta. ¿Cuántos se sentaron en la sección de orquesta? ***R.:*** 6 niños.

40. Misha escogió 7 cachorros de 10. ¿Cuántos cachorros dejó? ***R.:*** 3 cachorros.

41. Tristano compró 9 bolígrafos y se quedó con 5. Regaló el resto. ¿Cuántos bolígrafos regaló? ***R.:*** 4 bolígrafos.

42. Jake necesita 10 estrellas para conseguir un premio de su padre. Ya tiene 7 estrellas. ¿Cuántos más necesita ganar? ***R.:*** 3 estrellas.

43. Samuel llevó 6 libros a la escuela y luego 4 más. ¿Cuántos libros llevó a la escuela? ***R.:*** 10 libros.

44. Teníamos 9 huevos y usamos 4 para hacer el pastel. ¿Cuántos huevos quedan? ***R.:*** 5 huevos.

45. Marta fue a la tienda con $8 para comprar una medicina que cuesta $5. ¿Cuánto cambio traerá de vuelta? ***R.:*** $3.

46. El número de teléfono tiene 10 dígitos. Si el número de teléfono es de siete dígitos, ¿cuántos dígitos hay en el código de área? ***R.:*** 3 dígitos.

47. El número de teléfono tiene 10 dígitos. Si tres dígitos son el código de área, ¿cuántos números son el resto? ***R.:*** 7 números.

48. Puse la mesa para 9 personas, pero solo 4 vinieron. ¿Cuántos asientos estaban vacíos? ***R.:*** 5 asientos.

49. La tienda tiene 10 camisetas. 2 son blancas, 3 son negras y el resto son amarillas. ¿Cuántas camisetas amarillas tiene la tienda? ***R.:*** 5 camisetas amarillas.

50. La mesa de la cocina tiene 7 sillas. Hay 4 personas en nuestra familia. ¿Cuántas sillas sobran? ***R.:*** 3 sillas.

51. La caja tiene 8 tazas de leche y bebimos 5. ¿Cuántas tazas de leche quedan? ***R.:*** 3 tazas.

52. Un cerezo mide 8 pies de altura. Un melocotón mide 5 pies de altura. ¿Cuán más alto es el cerezo? ***R.:*** 3 pies.

53. Mi mamá mide 5 pies de altura. Mi padre mide 6 pies de altura. ¿Cuán más baja es mi mamá que mi papá? ***R.:*** 1 pie.

54. Paulina recogió 9 flores. Le dio 4 a su hermana, 4 a su hermano, y se quedó con el resto. ¿Cuántas flores guardó? ***R.:*** 1 flor.

SUMA Y RESTA HASTA 10

EJERCICIO I

Al principio, podría ser más fácil resolver estos problemas en dos o más pasos. Por ejemplo, el problema 2 + 4 + 3 se puede resolver como 2 + 4 = 6, luego, 6 + 3 = 3. En algún momento, tu hijo desarrollará la suficiente capacidad para hacer ambas operaciones simultáneamente.

10 - 3 + 2 = 9	10 - 5 + 3 = 8	10 - 6 + 4 = 8	10 - 6 + 3 = 7
10 - 8 + 5 = 7	10 - 4 + 3 = 9	10 - 3 + 2 = 9	10 - 5 + 3 = 8
1 + 2 + 2 = 5	1 + 2 + 3 = 6	2 + 2 + 3 = 7	1 + 2 + 4 = 7
1 + 2 + 5 = 8	1 + 2 + 3 = 6	1 + 2 + 6 = 9	2 + 2 + 1 = 5
2 + 3 + 1 = 6	2 + 3 + 1 = 4	2 + 3 + 5 = 10	4 + 3 + 1 = 8
4 + 5 - 6 = 3	1 + 5 - 3 = 3	6 - 3 + 2 = 5	7 - 3 + 4 = 8
3 + 5 - 4 = 4	8 - 7 + 6 = 7	5 - 3 + 8 = 10	4 - 2 + 6 = 8
8 - 3 + 5 = 10	10 - 6 + 4 = 8	4 + 3 + 2 - 3 = 6	8 + 5 - 2 - 3 = 8

EJERCICIO II

- ¿Cuál número sumado a 5 es igual a 10? **R.:** 5.
- ¿Cuál número sumado a 3 es igual a 10? **R.:** 7.
- ¿Cuál número sumado a 4 es igual a 10? **R.:** 6.
- ¿Cuál número sumado a 8 es igual a 10? **R.:** 2.
- ¿Cuál número sumado a 0 es igual a 10? **R.:** 10.
- ¿Cuál número sumado a 6 es igual a 10? **R.:** 4.

- ¿Cuál número sumado a 9 es igual a 10? **R.:** 1.
- ¿Cuál número sumado a 1 es igual a 10? **R.:** 9.
- ¿Cuál número sumado a 7 es igual a 10? **R.:** 3.

PROBLEMAS DE PALABRAS

1. Cuatro pájaros estaban sentados en una rama. Un pájaro más vino y luego 2 se fueron volando. ¿Cuántas pájaros hay en la rama? **R.:** 3 pájaros (4 + 1 = 5; luego 5 - 2 = 3).

2. Había 3 manzanas en un tazón. Puse 2 más y saqué 1. ¿Cuántas manzanas hay ahora en el tazón? **R.:** 4 manzanas (3 + 2 = 5; luego 5 - 1 = 4).

3. Cuatro jugadores de ajedrez vinieron al parque. Luego, vinieron 2 jugadores de ajedrez más y 1 jugador se fue. ¿Cuántos jugadores de ajedrez hay ahora en el parque? **R.:** 5 (4 + 2 = 6; luego 6 - 1 = 5).

4. Di 3 pasos hacia pared. Luego di otros 3 pasos hacia adelante y 2 pasos hacia atrás. ¿A cuántos pasos de la pared estoy ahora? **R.:** 4 pasos.

5. Otis tenía $4 y pidió prestados $2 más. Gastó $2 en el almuerzo. ¿Cuánto dinero tiene ahora? **R.:** $4.

6. Traje 3 pelotas de tenis y Jenny también trajo 3 pelotas. Durante el juego perdimos una pelota. ¿Cuántas pelotas de tenis tenemos ahora? **R.:** 5 pelotas de tenis.

7. Mamá horneó 5 panecillos y nos los comimos todos. Luego mamá horneó 5 más y comimos solo uno. ¿Cuántos panecillos quedaron? **R.:** 4 panecillos.

8. Robert perdió su pluma. Compró 6 bolígrafos más y luego encontró la pluma que perdió. ¿Cuántos bolígrafos tiene ahora? **R.:** 7 bolígrafos.

9. Por la mañana, Marisa abrió las 6 ventanas de la casa. Después del desayuno, cerró 3 ventanas y después del almuerzo cerró otras 3. ¿Cuántas ventanas están abiertas en la casa para la hora de la cena? **R.:** Ninguna.

10. Esperé 3 minutos; luego 2 minutos; luego otro minuto. ¿Cuántos minutos esperé? **R.:** 6 minutos.

11. Una araña atrapó 2 moscas; luego 3 moscas, y luego 4 moscas más. ¿Cuántas moscas atrapó la araña en total? ***R.:*** 9 moscas.

12. Otra araña atrapó 5 moscas y luego 3 moscas, pero 2 moscas escaparon. ¿Cuántas moscas hay ahora en la telaraña?
R.: 6 moscas.

13. El pequeño Tommy cuenta autos. Primero, pasaron 3 autos. Luego, pasaron 2 autos más. Después, pasaron 4 autos más. ¿Cuántos autos contó en total? ***R.:*** 9 autos.

14. Durante una nevada, 8 copos de nieve cayeron sobre mi mano. Después de que 6 de ellos se derritieron, 5 más cayeron sobre él. ¿Cuántos copos de nieve tenían en la mano? ***R.:*** 7 copos de nieve. Cuéntalos rápidamente antes de que se derritan.

15. Un buzo recogía perlas. Encontró 9, perdió 5, y luego encontró 4 más. ¿Cuántas perlas recogió? ***R.:*** 8 perlas.

16. Alex está haciendo un collar. Puso 3 bolitas rojas en una cuerda; luego 2 bolitas blancas; luego 2 bolitas azules. ¿Cuántas bolitas puso en la cuerda en total? ***R.:*** 7 bolitas.

17. Una ardilla escondió 2 nueces en el pino, 3 nueces en el roble y 4 en el abedul. ¿Cuántas nueces escondió la ardilla? ***R.:*** 9 nueces.

18. Había 9 juguetes en el suelo. Recogí 3 y los puse en la cesta. Luego recogí otros 3 juguetes, y luego 3 más. ¿Cuántos juguetes hay en el suelo ahora? ***R.:*** 0 juguetes.

19. En las Olimpiadas Especiales, Frank ganó 2 trofeos en béisbol, 2 trofeos en fútbol y 2 en tenis. ¿Cuántos trofeos ganó en total?
R.: 6 trofeos.

20. Soy el conductor del autobús. En la primera parada, 3 personas se subieron al autobús. En la segunda parada, 4 personas se subieron. En la tercera parada nadie se subió, pero una persona se bajó. ¿Cuántas personas están en el autobús ahora?
R.: 7 personas.
Solución: Un truco: 3 pasajeros + 4 pasajeros - 1 pasajero = 6 pasajeros. Pero, debes incluirme también a mí, al conductor. 6 pasajeros + 1 conductor = 7 personas.

21. Para su cumpleaños, Rebecca recibió 7 CD de música. Le dio 3 a su hermana y 2 a su hermano. ¿Cuántos CD guardó? ***R.:*** 2 CD.

22. Había 8 estudiantes en la biblioteca. 2 estudiantes fueron a jugar a la pelota, 2 estudiantes regresaron a clase y 2 estudiantes se fueron a casa. ¿Cuántos estudiantes aún están en la biblioteca? ***R.:*** 2 estudiantes.

23. Hay 8 jugadores en mi equipo. 4 jugadores son chicos. ¿Cuántas chicas hay en el equipo? ***R.:*** 4 chicas.

24. Hay 8 jugadores en mi equipo de fútbol. 1 portero, 2 defensas, 2 de campo medio, y el resto son delanteros. ¿Cuántos delanteros hay en mi equipo? ***R.:*** 3 delanteros.

25. Hoy, 4 grupos de estudiantes vinieron al museo. Más tarde, llegaron 4 grupos más de estudiantes. Al mediodía, 3 grupos a la izquierda. ¿Cuántos grupos hay todavía en el museo?
R.: 5 grupos.

26. En el tazón de fruta hay 3 peras, 3 manzanas y 2 naranjas. Me comí las 3 manzanas. ¿Cuántas frutas hay ahora en el tazón? ***R.:*** 5 frutas.

27. Cory tenía 6 dientes de leche. Le crecieron 3 dientes de leche más. Dos años más tarde, 4 de sus dientes de leche se cayeron. ¿Cuántos dientes tiene Cory ahora? ***R.:*** 5 dientes.

28. Había 7 grandes fotos en la pared. Kim tomó 3 fotos grandes de la pared y colgó 5 pequeñas fotos en su lugar. ¿Cuántas fotos, grandes y pequeñas, están en la pared ahora? ***R.:*** 9 fotos.

29. Diez personas están trabajando en un lavado de autos, 3 están lavando un auto y 4 están lavando un camión. ¿Cuántas personas esperan al próximo cliente? ***R.:*** 3 personas.

30. Inez le encanta tocar los timbres. En casa de su tía tocó el timbre 6 veces; luego 3 veces más, y luego 1 vez más antes de que su madre le dijera que se detuviera. ¿Cuántas veces Inez tocó el timbre? ***R.:*** 10 veces.

31. La tía de Inez tiene un perro viejo que ladra cuando oye el timbre. El perro ladraba una vez; luego 3 veces más; luego 4 veces más. ¿Cuántas veces ladró el perro? ***R.:*** 8 veces. El perro es viejo y se perdió algunos timbres.

32. La tía de Inez también tiene un gato que maúlla cuando el perro ladra. El gato maúlla 4 veces, después 3 veces más; luego 2 veces de nuevo. ¿Cuántas veces maulló el gato? ***R.:*** 9. Al gato le gusta maullar.

33. Hay un ratón que vive debajo de la casa de la tía de Inez. Este ratón chillo cuando el gato maúlla. El ratón chilló 3 veces; luego 2 más, y luego 2 veces más. ¿Cuántas veces chilló el ratón? ***R.:*** 7. Era tan ruidoso que nadie oyó el ratoncito.

34. Diego tenía 5 cartas de béisbol. Traspasó 4 y recibió 6. ¿Cuántas cartas tiene ahora? ***R.:*** 7 cartas.

35. Un sujeto tenía 5 melones. Paul tenía 4 más que el sujeto. ¿Cuántos melones tenía Paul? ***R.:*** 9 melones.

36. Pablo llevaba 6 melones. Se cayó y rompió 3 melones, ¿cuántos tiene ahora? ***R.:*** 3 melones.

37. Fred notó 7 moscas en el alféizar de la ventana y las alejó. Solo 5 moscas volaron lejos, pero llegaron 7 moscas nuevas. ¿Cuántas moscas están sentadas en el alféizar de la ventana ahora? ***R.:*** 9 moscas.

38. Pamela tenía 9 botones. Regaló 6 y compró 5 más. ¿Cuántos botones tiene ahora? ***R.:*** 8 botones.

39. Un vaso tenía 8 onzas de agua. Bebí 4 onzas y luego vertí en 3 más. ¿Cuántas onzas de agua hay ahora en el vaso? ***R.:*** 7 onzas.

40. Había 9 flores en un jarrón. Saqué 7 flores y puse 6 nuevas. ¿Cuántas flores hay en el jarrón ahora? ***R.:*** 8 flores.

41. Al día siguiente, agregué 2 flores nuevas y saqué 3 viejas. ¿Cuántas flores hay en el jarrón ahora? ***R.:*** 7 flores.

42. Hay 7 guisantes en mi plato. Comí 6 pero mamá puso 5 más. ¿Cuántos guisantes hay en mi plato ahora? ***R.:*** 6 guisantes.

43. Entonces, mamá puso 3 más y yo comí 5. ¿Cuántos guisantes hay en el plato? ***R.:*** 4 guisantes.
    a) Luego, mamá puso 5 más y yo comí 8. ¿Cuántos guisantes hay en el plato? ***R.:*** 1 guisante.

44. Para la hoguera, los exploradores trajeron 4 palos pequeños, 3 palos de tamaño mediano y 1 palo grande. ¿Cuántos palos hay para la hoguera? ***R.:*** 8 palos.

45. Karim tenía $5. Pidió prestados $3 más, pero solo gastó $2. ¿Cuánto dinero tiene ahora? ***R.:*** $6.

46. Tengo 3 lápices, Jack tiene 3 lápices, y Carlos tiene 3 lápices. ¿Cuántos lápices tenemos en total? **R.:** 9 lápices.

47. Había 10 crayones en una caja. Saqué 8 para dibujar un dibujo, pero 1 crayón se rompió. Devolví el resto. ¿Cuántos crayones hay en la caja ahora? **R.:** 9 crayones.

48. Había 10 palomas en la plaza. Siete palomas volaron y 6 regresaron. ¿Cuántas palomas hay ahora? **R.:** 9 palomas.

a) Luego, 6 palomas volaron lejos y 5 regresaron. ¿Cuántas palomas hay ahora? **R.:** 8 palomas.

b) Ahora, hay 8 palomas. Si 6 palomas vuelan lejos y 4 regresan, ¿cuántas palomas hay en la plaza? **R.:** 6 palomas.

49. Había 8 autos en el garaje. Por la mañana, 7 autos a la izquierda y 6 autos entraron. ¿Cuántos autos hay ahora? **R.:** 7 autos.

a) Por la tarde 5 autos a la izquierda y 3 autos llegaron. ¿Cuántos autos hay en el garaje? **R.:** 5 autos.

b) Por la noche 4 autos a la izquierda y 5 autos llegaron. ¿Cuántos autos hay en el garaje? **R.:** 6 autos.

50. Toma una cinta roja de 8 pulgadas y corta 3 pulgadas de descuento. Luego, toma una cinta blanca de 7 pulgadas y corta 2 pulgadas de descuento. Ahora cose las piezas restantes juntas. ¿Cuánto mide la nueva cinta? **R.:** 10 pulgadas (8 - 3 = 5; 7 - 2 = 5 y 5 + 5 = 10).

51. Había 3 manzanas y 4 naranjas en la cesta de frutas. James tomó 1 manzana y 2 naranjas. ¿Cuántas manzanas y naranjas quedan en la cesta? **R.:** 4 naranjas.

Soluciónes: Permítanme mostrarles 2 maneras de resolver este problema.

Una manera: Había 3 manzanas y James tomó 1, es decir, 3 - 1 = 2, 2 manzanas se quedan. Había 4 naranjas y James tomó 2, es decir, 4 - 2 = 2, 2 naranjas se quedan. 2 manzanas y 2 naranjas hacen 4. La respuesta es 4.

Otra forma: Había 3 manzanas y 4 naranjas. Juntos eso hace 7 frutas. James tomó 1 manzana, es decir, 7 - 1 = 6 frutas. También tomó 2 naranjas, 6 - 2 = 4. La respuesta es 4 frutas.

EJERCICIOS CON 10

- ¿Cuál número sumado a 9 es igual a 10? ***R.:*** 1.
- ¿Cuál número sumado a 1 es igual a 10?? ***R.:*** 9.
- ¿Cuál número sumado a 4 es igual a 10? ***R.:*** 6.
- ¿Cuál número sumado a 10 es igual a 10? ***R.:*** 0.
- ¿Cuál número sumado a 3 es igual a 10? ***R.:*** 7.
- ¿Cuál número sumado a 8 es igual a 10? ***R.:*** 2.
- ¿Cuál número sumado a 5 es igual a 10? ***R.:*** 5.
- ¿Cuál número sumado a 6 es igual a 10? ***R.:*** 4.
- ¿Cuál número sumado a 2 es igual a 10? ***R.:*** 8.
- ¿Cuál número sumado a 3 es igual a 10? ***R.:*** 7.

EJERCICIO I

10 - 1 = 9	10 - 2 = 8	10 - 3 = 7	10 - 4 = 6
10 - 5 = 5	10 - 6 = 4	10 - 7 = 3	10 - 8 = 2
10 - 9 = 1	9 - 1 = 8	9 - 3 = 6	9 - 4 = 5
9 - 6 = 3	9 - 5 = 4	5 + 4 = 9	1 + 9 = 10
2 + 8 = 10	3 + 7 = 10	4 + 5 = 9	5 + 5 = 10
6 + 4 = 10	7 + 2 = 9	6 + 3 = 9	5 + 5 = 10
1 + 9 = 10	2 + 8 = 10	10 - 2 = 8	10 - 8 = 2

PROBLEMAS DE PALABRAS

1. Tengo 4 botones en mi bolsillo izquierdo y 4 botones en mi bolsillo derecho. ¿Cuántos botones más necesito que sea igual a 10? **R.:** 2 botones.
   Solución: 4 (botones en el bolsillo izquierdo) + 4 (botones en el bolsillo derecho) = 8 (botones en ambos bolsillos). Luego 10 botones - 8 botones = 2 botones.

2. De 10 sillas alrededor de la mesa, 5 están ocupadas. ¿Cuántos están disponibles? **R.:** 5 sillas.

3. Diez manzanas estaban sobre la mesa, ahora solo hay 4. ¿Cuántas faltan? **R.:** 6 manzanas.

4. Luz tenía 10 sellos y puso 7 en el sobre. ¿Cuántos sellos quedan? **R.:** 3 sellos.

5. Nita tenía 6 gatitos y trajo a casa 3 más. ¿Ahora tiene 10 gatitos? **R.:** No, solo tiene 9 gatitos.

6. Hoy es mi cumpleaños, tengo 5 años. Mamá compró 10 velas de cumpleaños para poner en mi pastel. ¿Nos quedarán suficientes velas para mi próximo cumpleaños? **R.:** No. El año que viene cumplo 6 y solo quedan 5 velas.

7. Juntos mi hermano y yo teníamos $10. Mi hermano se llevó $5 sin decírmelo. ¿Me dejó mi parte justa? **R.:** Sí, dejó la mitad: $5.

8. Ana tiene 3 canicas y yo tengo 4. ¿Cuántos necesitamos para que sean 10? **R.:** 3 canicas.

9. Pedro compró 5 tomates y tiene 3 en casa. ¿Cuántos más necesita para que sean 10? **R.:** 2 tomates más.

10. Heather tenía 10 ciruelas. Le dio 2 a Albert, 3 a Boris y 5 a Camila. ¿Cuántas ciruelas se guardó para sí misma? **R.:** 0 ciruelas.

11. Margo tomó 10 cacahuetes para ardillas. Le dio 3 cacahuetes a la primera ardilla, 3 a la siguiente, y 3 más a la tercera. ¿Cuántos cacahuetes tiene para la otra ardilla? **R.:** 1 cacahuete.

12. Jamie tiene que entregar 10 volantes. Ella ya entregó 3. ¿Cuántos tiene todavía con ella? **R.:** 7 volantes.

13. Jill se está cortando las uñas de los pies. Cortó 4 uñas en la derecho y 4 uñas en la izquierda. ¿Cuántas uñas más tiene que cortar? **R.:** 2 uñas más.

14. Alma tiene unas vacaciones de 10 días. Planea pasar 3 días en casa de su abuela, 3 días en casa de su tía y 2 días en casa de su amiga. ¿Cuántos días le quedarán antes de que comience la escuela?
R.: 2 días.
Solución: 3 días + 3 días = 6 días, 6 días + 2 días = 8 días. Luego, 10 días (vacaciones) − 8 días = 2 días.

15. Un camión de reparto llevaba 10 cajas. Entregó 4 cajas en la primera parada; luego 2 cajas en la segunda parada; luego 3 cajas en la tercera parada. El chofer estaba cansado, así que se estacionó bajo un árbol y tomó una siesta. Mientras dormía, los ladrones robaron 1 caja. ¿Cuántas cajas quedan en el camión? **R.:** 0 cajas (10 − 4 = 6; 6 − 2 = 4; 4 − 3 = 1; y 1 − 1 = 0).

16. Finge que eres conductor de autobús. En la primera parada entraron 5 pasajeros. En la siguiente parada 5 pasajeros más se subieron y 3 a la izquierda; luego 2 estudiantes se subieron y 4 salieron del autobús; luego nadie salió y 4 pasajeros salieron del autobús; luego una anciana se sentó con un gato, y luego todos se fueron. ¿Qué edad tiene el conductor del autobús? **R.:** ¡Pregunta Capciosa! Recuerda, tú eres el conductor. ¿Cuántos años tienes?

17. Había 10 gatitos en un refugio. La primera familia se llevó a casa 2 gatitos, otra familia tomó 2 más. Entonces una señora tomó 2 gatitos más. ¿Cuántos gatitos siguen en el refugio? **R.:** 4 gatitos (10 - 2 = 8; 8 - 2 = 6 y 6 - 2 = 4).

18. Forrest tenía 10 pelotas de golf. El primer día de juego, perdió 3 pelotas. El segundo día, perdió otras 3 pelotas de golf. ¿Cuántas pelotas de golf le quedan? **R.:** 4 pelotas de golf.

19. Rocky necesita $10 para comprar un regalo para su hermana. Si tiene $3, ¿cuánto más necesita? **R.:** $7.
   a) Si tiene $5, ¿cuánto necesita? **R.:** $5.
   b) Si ahorró $6, ¿cuánto necesita? **R.:** $4.

20. Olivia se inscribió para 10 lecciones de guitarra. Tuvo 4 lecciones el mes pasado y 4 lecciones este mes. ¿Cuántas lecciones más quedan? **R.:** 2 lecciones.

21. Drew disparó 10 flechas. Solo 3 dieron en el blanco. ¿Cuántas flechas fallaron? **R.:** 7 flechas.

22. Fido, un buldog, recibió 10 golosinas por su cumpleaños número 10. Había 3 pavos, 3 corderos y 3 golosinas vegetarianas. El resto eran pescados. ¿Cuántas golosinas de pescado obtuvo Fido? ***R.:*** 1 pescado.

23. Ida necesita 10 premios para ganar una competencia. Recibió 4 premios en natación y 3 premios en buceo. ¿Cuántos más necesita para ganar? ***R.:*** 3 premios más.

24. Leo tiene que devolver 10 libros a la biblioteca. Encontró 2 libros en el sofá, 2 debajo de su cama y 1 más en el armario. ¿Cuántos libros faltan? ***R.:*** 5 libros.

25. Diez patos estaban sentados en la playa. Luego 5 patos saltaron en el agua y 2 volaron lejos. ¿Cuántos patos hay ahora en la playa? ***R.:*** 3 patos.

26. Sujeta las dos manos. Dobla los dedos.
a) Dobla 3 dedos y dime cuántos dedos no están doblados? ***R.:*** 7 dedos.
b) Dobla 5 dedos y dime cuántos dedos no están doblados? ***R.:*** 5 dedos.
c) Dobla 6 dedos y dime cuántos dedos no están doblados? ***R.:*** 4 dedos.
d) Dobla 10 dedos y dime cuántos dedos no están doblados? ***R.:*** 0 dedos.

27. Hay 10 dígitos en un número de teléfono y Glenn olvidó 2. ¿Cuántos dígitos recordó? ***R.:*** 8 dígitos.

28. De una caja de herramientas de 10 destornilladores, 3 se utilizan para un proyecto y 2 faltan. ¿Cuántos hay en la caja? ***R.:*** 5 destornilladores.

29. De las 10 canciones que Ingrid sabe, 3 son country, 3 son hip-hop, 3 son blues y el resto son canciones viejas. ¿Cuántas canciones viejas se sabe Ingrid? ***R.:*** 1 canción vieja. Puede que sea una canción de los Beatles, pero no estoy seguro.

30. De las 10 postales que Kurt envió a sus amigos por correspondencia, 2 regresaron debido a direcciones equivocadas y 3 regresaron porque no tenían un sello. ¿Cuántas llegaron a sus amigos por correspondencia? ***R.:*** 5 postales.

31. Había 10 diez cajas de cereales en el estante por la mañana. Al final del día quedaban seis cajas. ¿Cuántas cajas se vendieron? *R.:* 4 cajas.

32. Olivia se inscribió en clases de canto. Tuvo 5 lecciones el mes pasado y 5 lecciones este mes. ¿Cuántas lecciones ha tomado hasta ahora? *R.:* 10 lecciones.

33. Robin Hood disparó 10 flechas de práctica. Solo 5 dieron en el blanco. ¿Cuántas flechas se perdieron? *R.:* 5 flechas.

34. Tamara se mudó a nuestra calle cuando tenía 5 años. Ahora tiene diez años. ¿Cuántos años ha estado viviendo en nuestra calle? *R.:* 5 años.

35. Drew tiene 10 años. ¿Cuántos años tenía hace 4 años? *R.:* 6 años.

SUMA HASTA 12

SOLUCIONANDO PROBLEMAS

¿Cuánto es 9 + 2?
Solución: 2 es igual a 1 + 1.
 Podemos decir entonces que 9 + 2 es lo mismo que 9 + 1 + 1.
 9 + 1 = 10, y 10 + 1 = 11. **R.:** 9 + 2 = 11.
La regla: Sumar cualquier número a 9: Para sumar cualquier número a 9, tendrás que restar 1 del número y luego sumar lo que queda a 10.

¿Cuánto es 7 + 5?
Solución: Para resolver este problema dividimos el número 5 en dos partes, 3 y 2, porque 3 y 2 es igual a 5.
 Entonces podemos decir que 7 + 5 es lo mismo que 7 + 3 y luego suma 2.
 7 + 3 = 10, 10 + 2 = 12. **R.:** 7 + 5 = 12.
Vamos a resolver el segundo problema de una manera diferente: ¿5 + 7?
Solución: Esta vez separaremos el número 7 en dos partes, 5 y 2.
 Entonces podemos decir que 7 + 5 es lo mismo que 5 + 5 + 2.
 5 + 5 = 10, lo sabes, por lo tanto, 10 + 2 = 12. **R.:** 7 + 5 = 12.

EJERCICIO I

9 + 1 = 10	10 + 2 = 12	10 - 2 = 8	7 + 3 = 10	7 + 4 = 11
9 + 2 = 11	8 + 3 = 11	8 + 2 = 10	6 + 4 = 10	5 + 5 = 10
9 + 3 = 12	7 + 3 = 10	9 + 2 = 11	6 - 5 = 11	5 + 6 = 11
10 - 8 = 2	7 + 4 = 11	8 + 3 = 11	6 + 6 = 12	5 + 7 = 12
8 + 2 = 10	7 + 5 = 12	10 + 2 = 12	10 - 3 = 7	11 + 1 = 12

EJERCICIO II

- 7 es 6 más ¿qué número? **R.:** 1.
- 7 es 5 más ¿qué número? **R.:** 2
- 8 es 7 más ¿qué número? **R.:** 1
- 8 es 8 más ¿qué número? **R.:** 0.
- 8 es 5 más ¿qué número? **R.:** 3.
- 10 es 5 más ¿qué número? **R.:** 5.
- 7 es 3 más ¿qué número? **R.:** 4.
- 9 es 8 más ¿qué número? **R.:** 1.
- 9 es 7 más ¿qué número? **R.:** 2.
- 7 es 4 más ¿qué número? **R.:** 3.
- 10 es 9 más ¿qué número? **R.:** 1.
- 6 es 2 más ¿qué número? **R.:** 4.
- 10 es 8 más ¿qué número? **R.:** 2.
- 11 es 8 más ¿qué número? **R.:** 3.
- 8 es 1 más ¿qué número? **R.:** 7.
- 10 es 6 más ¿qué número? **R.:** 4.
- 10 es 7 más ¿qué número? **R.:** 3.
- 10 es 5 más ¿qué número? **R.:** 5.
- 10 es 9 más ¿qué número? **R.:** 1.

EJERCICIO III

9 + 2 = 11	10 + 2 = 12	8 + 4 = 12	4 + 6 = 10	7 + 3 = 10
7 + 3 = 10	8 + 3 = 11	4 + 8 = 12	9 + 2 = 11	9 + 3 = 12
7 + 4 = 11	7 + 4 = 11	9 + 3 = 12	5 + 5 = 10	5 + 6 = 11
10 - 7 = 3	8 + 4 = 12	7 + 4 = 11	6 + 5 = 11	10 - 3 = 7
2 + 9 = 11	10 - 3 = 7	6 + 4 = 10	7 + 5 = 12	9 + 3 = 12
3 + 9 = 12	8 + 3 = 11	6 + 5 = 11	9 + 2 = 11	3 + 8 = 11
9 - 3 = 6	11 +1 = 12	6 + 6 = 12	10 - 5 = 5	9 - 3 = 6
9 - 5 = 4	9 + 3 = 12	9 + 3 = 12	8 + 4 = 12	9 - 4 = 5

PROBLEMAS DE PALABRAS

1. Recogí 10 revistas de detrás del escritorio. Luego recogí 1 más de la silla. ¿Cuántas revistas recogí en total? **R.:** 11 revistas.

2. Si tengo 6 lagartos y luego atrapo 5 más, ¿cuántos lagartos tengo ahora? **R.:** 11 lagartos.

3. Plantamos 10 arbustos. Luego plantamos 2 más. ¿Cuántos arbustos plantamos? **R.:** 12 arbustos.

4. Mi zapato derecho tiene 6 hoyos para un cordón de zapato. Mi zapato izquierdo también tiene 6. ¿Cuántos agujeros hay en ambos zapatos? **R.:** 12 agujeros.

5. Solucioné 7 problemas y Gwen resolvió otro 4. ¿Cuántos resolvimos juntos? **R.:** 11 problemas.

6. Había 8 bolas en una mesa de billar antes de que Kathy metiera 4 bolas en los agujeros. ¿Cuántas bolas hay ahora en la mesa? **R.:** 4 bolas.

7. Invité a 9 amigos a mi fiesta. Trajeron a 3 de sus amigos. ¿Cuántos chicos vinieron? **R.:** 12 chicos.

8. Usé 7 cables largos y 4 cables cortos para un proyecto. ¿Cuántos cables utilicé en conjunto? **R.:** 11 cables.

9. Empaqué 3 galletas de avena, 4 galletas de chocolate y 4 galletas de maní. ¿Cuántas galletas empaqué?
R.: 11 galletas (3 + 4 = 7; luego 7 + 4 = 11).

10. Compré 6 libros nuevos y los puse en el estante. Si ya hay 6 libros en el estante, ¿cuántos libros hay en el estante ahora? **R.:** 12 libros.

11. Si tú tienes 9 años, ¿cuántos años tendrás en 3 años? **R.:** 12 años.

12. Bambi tiene 7 años. ¿Cuántos años tendrá en 4 años? **R.:** 11 años.

13. Si tú tienes 6 años. ¿Cuántos años tendrás en 5 años? **R.:** 11 años.

14. Mi hermana tiene 7 años. ¿Cuántos años tendrá en 5 años? **R.:** 12 años.

15. Mi perro tiene 5 años. ¿Cuántos años tendrá en 6 años? **R.:** 11 años.

16. Hoy, Jack vino y se quedó 5 horas. Luego se fue, pero volvió y se quedó otras 5 horas. ¿Cuántas horas se quedó en nuestra casa en total? **R.:** 10 horas.

17. Un oficial de policía detuvo a 10 conductores y solo permitió la entrada de 2 conductores. ¿Cuántos conductores no pudieron entrar? **R.:** 8 conductores.

18. Tengo 6 pecas en la mejilla derecha y 6 en la otra. ¿Cuántas pecas tengo? **R.:** 12 pecas.

19. En un rascacielos se sentaron 4 cuervos. Vinieron 7 cuervos más y se sentaron junto a ellos. ¿Cuántos cuervos hay sentados en el rascacielos ahora? **R.:** 11 cuervos.

20. Cory olfateó 6 veces. Luego se voló la nariz y olfateó 5 veces más. ¿Cuántas veces olfateó en total? **R.:** 11 veces.

21. Tenía $5 y mi tía me dio $6 más. ¿Cuánto dinero tengo ahora? **R.:** $11.

22. Una chica pagó 4 centavos por goma de mascar, 3 centavos por un globo y 5 centavos por un anillo de plástico. ¿Cuánto dinero gastó? **R.:** 12 centavos.

23. Si dibujaste 3 círculos rojos, 4 verdes y 6 amarillos, ¿cuántos círculos dibujaste? **R.:** Más de 12.

24. Si llegaron 4 cartas el lunes, 3 el martes, 2 el miércoles, 3 el jueves y ninguna para el resto de la semana, ¿cuántas cartas vinieron esa

semana?
R.: 12 cartas (4 + 3 = 7; 7 + 2 =9; 9 + 3 =12 y 12 + 0 = 12).

25. Si sonó una campana de la puerta 5 veces y luego 3 veces más y luego 3 veces más, ¿cuántas veces sonó? **R.:** 11 veces.

26. Le di a mi perro 4 golosinas. Quería más, así que le di 6 más. Mi mamá me dijo que no le diera a mi perro más de 10 golosinas en un día. ¿He superado el límite? **R.:** No (4 + 6 = 10).

27. En mi fiesta, había 3 chicos y 8 chicas. ¿Cuántos chicos vinieron a mi fiesta? **R.:** 11 chicos.

28. Seis pájaros de plumas se sentaron junto con 5 pájaros sin plumas. ¿Cuántos pájaros, con y sin plumas, se sentaron juntos? **R.:** 11 aves.

29. Para un desfile de disfraces, 4 niños vinieron vestidos como dragones, 5 como monstruos y 1 en traje de conejo. ¿Cuántos niños vinieron al desfile? **R.:** 10 niños.

30. Rita contó 4 autos amarillos y 7 autos rojos en la carretera. ¿Cuántos autos contó? **R.:** 11 autos.

31. Mi abuela tiene 8 pares de anteojos y 3 pares de gafas de sol. ¿Cuántos pares de gafas tiene? **R.:** 11 pares de gafas.

32. Lin compró 8 rosquillas; 4 de ellas tenían semillas de amapola. ¿Cuántas eran del otro tipo? **R.:** 4 rosquillas.

33. Mientras sostenía 4 pájaros en sus manos, el Sr. Porter notó 8 pájaros en el arbusto. ¿Cuántos pájaros había en las manos y en el arbusto? **R.:** 12 pájaros.

34. Seis sapos invitaron a 6 ranas para una fiesta de canto a medianoche. ¿Cuántos anfibios (sapos y ranas) había en la fiesta? **R.:** 12 anfibios.

35. Mila horneó 4 galletas cuadradas, 4 triangulares y 4 galletas redondas. ¿Cuántas galletas horneó? **R.:** 12 galletas.

36. Una chaqueta tiene 6 botones a la derecha y 6 a la izquierda. ¿Cuántos botones hay? **R.:** 12 botones.

37. Una clase tiene 9 niños todos los días. Un día, 4 niños tenían gripe y no acudieron a la escuela. ¿Cuántos niños hay en clase hoy? **R.:** 5 niños.

38. Neal tenía 3 cucharadas de sopa de pollo y luego tenía 8 más. ¿Cuántas cucharadas tenía? ***R.:*** 11 cucharadas de sopa de pollo. *Dicen que la sopa de pollo es buena para ti cuando tienes gripe.*

39. Una mujer lavó 6 pañuelos de seda y 5 pañuelos de algodón. ¿Cuántos pañuelos lavó en total? ***R.:*** 11 pañuelos.

40. Un senador tuvo 5 visitantes de China y 4 de Japón. ¿Cuántos visitantes tuvo? ***R.:*** 9 visitantes.

41. Una dama tiene 6 sombreros de verano y 6 sombreros de invierno. ¿Cuántos sombreros tiene? ***R.:*** 12 sombreros.

42. Un boxeador tiene 5 guantes derechos y 5 guantes izquierdos. ¿Cuántos guantes tiene? ***R.:*** 10 guantes.

43. Un hombre pobre tiene 4 agujeros en su bolsillo derecho y 8 en el bolsillo izquierdo. ¿Cuántos agujeros tiene en ambos? ***R.:*** 12 agujeros.

44. Mi vecino a la derecha tiene 5 cabras y el otro a la izquierda tiene 7. ¿Cuántas cabras tienen ambos? ***R.:*** 12 cabras.

45. Una empresa tiene 3 camiones de remolque, otra tiene 9. ¿Cuántos camiones tienen ambos? ***R.:*** 12 camiones.

46. Conté 6 mariquitas en 5 arbustos y Mia encontró 6 mariquitas en 4 arbustos. ¿Cuántos arbustos buscamos mariquitas? ***R.:*** 9 arbustos. Siempre presta atención a la pregunta.

47. Mi hermano pescó un pez que pesaba 2 libras y yo pesqué un pez de 7 libras. ¿Cuánto pesan ambos peces? ***R.:*** 9 libras.

48. Los gemelos recibieron 6 tarjetas de regalo cada una por su cumpleaños. ¿Cuántas tarjetas de regalo consiguen? ***R.:*** 12 tarjetas de regalo.

SUMA HASTA 15

EJERCICIO I

5 + 2 = 7	6 + 4 = 10	7 + 8 = 15	9 + 2 = 11	9 + 4 = 13
5 + 6 = 11	6 + 5 = 11	8 + 6 = 14	7 + 7 = 14	9 + 6 = 15
5 + 7 = 12	6 + 7 = 13	9 + 2 = 11	7 + 6 = 13	8 + 7 = 15
5 + 5 = 10	6 + 6 = 12	9 + 3 = 12	8 + 7 = 15	9 + 5 = 14
9 + 4 = 13	6 + 8 = 14	9 + 4 = 13	4 + 9 = 13	5 + 8 = 13
4 + 9 = 13	6 + 9 = 15	8 + 5 = 13	5 + 8 = 13	5 + 6 = 11
5 + 8 = 13	7 + 4 = 11	9 + 5 = 14	6 + 8 = 14	5 + 7 = 12
5 + 9 = 14	7 + 5 = 12	9 + 6 = 15	7 + 6 = 13	8 + 7 = 15
5 + 10 = 15	7 + 7 = 14	8 + 7 = 15	7 + 7 = 14	6 + 6 = 12

EJERCICIO II

1. ¿Cuál número sumado a 9 es igual a 13? ***R.:*** 4.
2. ¿Cuál número sumado a 3 es igual a 13? ***R.:*** 10.
3. ¿Cuál número sumado a 5 es igual a 13? ***R.:*** 8.
4. ¿Cuál número sumado a 6 es igual a 13? ***R.:*** 7.
5. ¿Cuál número sumado a 14 es igual a 15? ***R.:*** 1.
6. ¿Cuál número sumado a 12 es igual a 15? ***R.:*** 3.
7. ¿Cuál número sumado a 10 es igual a 15? ***R.:*** 5.
8. ¿Cuál número sumado a 15 es igual a 15? ***R.:*** 0.
9. ¿Cuál número sumado a 11 es igual a 15? ***R.:*** 4.

10. ¿Cuál número sumado a 9 es igual a 15? ***R.:*** 6.
11. ¿Cuál número sumado a 5 es igual a 15? ***R.:*** 10.
12. ¿Cuál número sumado a 4 es igual a 15? ***R.:*** 11.
13. ¿Cuál número sumado a 7 es igual a 15? ***R.:*** 8.
14. ¿Cuál número sumado a 8 es igual a 15? ***R.:*** 7.
15. ¿Cuál número sumado a 6 es igual a 15? ***R.:*** 9.
16. ¿Cuál número sumado a 3 es igual a 15? ***R.:*** 12.
17. ¿Cuál número sumado a 1 es igual a 15? ***R.:*** 14.
18. ¿Cuál número sumado a 2 es igual a 15? ***R.:*** 13.
19. ¿Cuál número sumado a 7 es igual a 15? ***R.:*** 7.
20. ¿Cuál número sumado a 6 es igual a 15? ***R.:*** 8.
21. ¿Cuál número sumado a 8 es igual a 15? ***R.:*** 5.

PROBLEMAS DE PALABRAS

1. Ella pagó 5 centavos por un lápiz y 9 centavos por un borrador. ¿Cuánto pagó por ambos? ***R.:*** 14 centavos.
2. Hay 7 peras en una rama y 6 en otra. ¿Cuántas hay en ambas ramas? ***R.:*** 13 peras.
3. Alice tiene 5 manzanas, y su hermano tiene 5. ¿Cuántas manzanas tienen? ***R.:*** 10 manzanas.
4. Elmo recogió 8 bolsa, y yo recogí 4. ¿Cuántas bolsas recogimos juntos? ***R.:*** 12 bolsas.
5. Un agricultor plantó 7 hectáreas de tierra con papas y 8 hectáreas con maíz. ¿Cuántas hectáreas se plantaron? ***R.:*** 15 hectáreas.
6. Anna hizo 7 pasteles, y Kate hizo 4. ¿Cuántos pasteles hicieron las dos? ***R.:*** 11 pasteles.
7. Hay 8 sillas regulares en la habitación y 4 sillones. ¿Cuántos hay de ambos tipos? ***R.:*** 12 sillas.
8. Hay 11 autos en un lote y 4 en otro. ¿Cuántos autos hay en ambos? ***R.:*** 15 autos.
9. Diana tiene 9 años.
   a) ¿Qué edad tendrá en 2 años? ***R.:*** 11 años.

b) ¿En 3 años? **R.:** 12 años.

c) ¿En 5 años? **R.:** 14 años.

d) ¿En 6 años? **R.:** 15 años.

10. Jasper tenía 6 linternas, y compró 8 más. ¿Cuántas hay ahora? **R.:** 14 linternas.

11. Si una caja de lápices cuesta $6, y un cuaderno cuesta $5, ¿cuánto cuestan ambos? **R.:** $11.

12. Frank atrapó 5 peces, y Samuel atrapó 7. ¿Cuántos atraparon los dos? **R.:** 12 peces.

13. Jenni escogió 8 piedras, y Clara escogió 5. ¿Cuántas eligieron las dos? **R.:** 13 piedras.

14. Hay 5 estudiantes en una clase y 9 en otra. ¿Cuántos estudiantes hay en ambas clases? **R.:** 14 estudiantes.

15. Si hay 5 letras en mi nombre y 10 en mi apellido, ¿cuántas letras hay en mi nombre completo? **R.:** 15 letras. ¿Cuántas letras hay a tu nombre?

16. Hay 2 cajas en el suelo. Cada caja tiene 6 juguetes. ¿Cuántos juguetes hay en ambos? **R.:** 12 juguetes.

17. Un granjero vendió 8 sacos de café la semana pasada y 6 sacos hoy. ¿Cuántos sacos vendió? **R.:** 14 sacos.

18. Krista compró 6 tarjetas de cumpleaños y 9 tarjetas de "Gracias". ¿Cuántas tarjetas compró? **R.:** 15 tarjetas.

19. En una clase hay 7 chicos y 7 chicas. ¿Cuántos estudiantes hay en la clase? **R.:** 14 estudiantes.

20. Hay 7 gorriones en un árbol y 8 en otro. ¿Cuántos hay en ambos? **R.:** 15 gorriones.

21. Una camiseta cuesta $6 y un par de pantalones cortos $7. ¿Cuánto cuestan ambos? **R.:** $13.

22. Planté 5 árboles de mango y 7 árboles de guayaba. ¿Cuántos árboles planté? **R.:** 12 árboles.

23. Robert trabajó 5 días en una tienda y 9 días en otra. ¿Cuántos días trabajó? **R.:** 14 días.

24. Hay dos soportes para lápices en el escritorio. Cada uno tiene 7 lápices. ¿Cuántos lápices hay en ambos? **R.:** 14 lápices.

25. El entrenador hizo 8 llamadas por la mañana y 5 llamadas después del almuerzo. ¿Cuántas llamadas hizo? ***R.:*** 13 llamadas.

26. Rosa recogió 5 lirios e Iris recogió 7 rosas. ¿Cuántas flores recogieron? ***R.:*** 12 flores.

27. En una habitación, hay 7 lámparas que están encendidas y 7 lámparas que están apagadas. ¿Cuántas lámparas hay en la habitación? ***R.:*** 14 lámparas.

28. En la piscina, Phoebe hizo 6 balas de cañón, 3 zambullidas en la nariz y 4 volteas de vientre. ¿Cuántas zambullidas hizo Phoebe en total? ***R.:*** 13 zambullidas.

29. En la caja de herramientas, June encontró 8 destornilladores, 3 alicates y 1 martillo. ¿Cuántas herramientas hay en la caja? ***R.:*** 12 herramientas.

30. Mientras limpiaba el patio de la escuela, David encontró 5 envoltorios, 5 latas vacías y 4 servilletas usadas. ¿Cuántos artículos encontró David? ***R.:*** 14 artículos.

31. El mes pasado un inventor tuvo 5 nuevas ideas. Este mes tuvo otros 8. ¿Cuántas ideas tenía? ***R.:*** 13 ideas.

32. La radio tocó 9 canciones antiguas y 6 nuevas. ¿Cuántas canciones sonaron? ***R.:*** 15 canciones.

33. Al principio, 3 estudiantes salieron de la habitación; luego 4 estudiantes, y después 5 más se habían ido. ¿Cuántos estudiantes salieron de la habitación? ***R.:*** 12 estudiantes.

34. Para la ensalada, Matt tomó 4 zanahorias, 5 tomates y 6 pepinos. ¿Cuántas verduras usó Matt en total? ***R.:*** 15 verduras.

35. Billy, el bromista, tocó el timbre del vecino con 8 anillos cortos y 7 largos. Como castigo escribió "Lo siento" por cada anillo. ¿Cuántas veces escribió Billy "lo siento"? ***R.:*** 15 veces. *Eso le enseñará una lección.*

36. El padre puede cortar 8 trozos de madera en 10 minutos, y el hijo puede cortar 4 en 10 minutos. ¿Cuántas piezas pueden cortar en 10 minutos? ***R.:*** 12 piezas.

37. Un alambre fue cortado en 2 pedazos. Una pieza mide 8 pies de largo y la otra de 7 pies. ¿Cuánto tiempo estuvo el cable antes de que lo cortaran? ***R.:*** 15 pies.

38. Un editor de películas cortará 6 horas de una película de 8 horas de duración. ¿Cuántas horas de la película guardará? ***R.:*** 2 horas.

39. El dueño de una tienda vendió 6 bolsas de harina a una persona, y 7 bolsas a otra. ¿Cuántas bolsas vendió? ***R.:*** 13 bolsas.

40. Fred es dueño de 9 patos, y su hermano tiene 5. ¿Cuántos patos tienen? ***R.:*** 14 patos.

41. Si son 9 horas en auto desde mi ciudad hasta la ciudad de Nueva York, y luego otras 5 horas a Boston. ¿Cuántas horas son conduciendo desde mi ciudad a Boston? ***R.:*** 14 horas.

42. Una biblioteca recibió 4 revistas deportivas, 5 revistas de moda y 4 revistas de viajes. ¿Cuántas revistas recibió la biblioteca?
R.: 13 revistas.

43. Un arquitecto dibujó una casa con 4 ventanas en el lado izquierdo, 4 ventanas a la derecha, 4 ventanas delante y 2 en la parte posterior. ¿Cuántas ventanas tiene la casa?
R.: 14 ventanas (4 + 4 =8; luego 8 + 4 = 12 y 12 + 2 = 14).

44. Del parche del jardín, Marvin recogió 3 tomates, 3 patatas, 3 zanahorias y 3 pepinos. ¿Cuántas verduras escogió en total?
R.: 12 verduras.

45. Mi padre mide 6 pies de altura, mi hermana mi de 5 pies. ¿Qué tan alto serán si mi hermana se pone encima de mi padre?
R.: 11 pies. Aunque parecerá una tontería.

46. Camille tomó prestados 11 libros de la biblioteca y devolvió 4. ¿Cuántos libros tiene ahora? ***R.:*** 7 libros.

47. En la competición de ajedrez Gina ganó 6 juegos, perdió 6 juegos, y 3 juegos terminaron con un empate. ¿Cuántos juegos jugó en total? ***R.:*** 15 juegos.

48. En un día, un turista vio 4 museos, 4 espectáculos, 4 parques y 1 fuerte. ¿Cuántos lugares visitó? ***R.:*** 13 lugares.

49. Un alambre fue cortado en 2 pedazos. Una pieza mide 6 pies de largo y la otra de 5 pies. ¿Cuánto tiempo estuvo el cable antes de que lo cortaran? ***R.:*** 11 pies.

50. Un editor de periódicos cortará un artículo de 11 columnas a 8 columnas de largo. ¿Cuántas columnas cortó? ***R.:*** 3 columnas.

RESTA CON NÚMEROS DE HASTA 15

EJERCICIO I
- Cuenta hacia atrás de 15 a 1 (es decir: 15, 14, 13, etc.)
- Cuenta hacia atrás de 15 omitiendo cada 2 (es decir: 15, 13, 11, 9, etc.)
- Cuenta hacia atrás de 15 omitiendo cada 3 (es decir: 15, 12, 9, 6, 3, 0)
- Cuenta hacia atrás de 15 omitiendo cada 4 (es decir: 15, 11, 7, 3)
- Cuenta hacia atrás de 15 omitiendo cada 5 (es decir: 15, 10, 5, 0)
- Cuenta hacia atrás de 15 omitiendo cada 6 (es decir: 15, 9, 3)
- Cuenta hacia atrás de 15 omitiendo cada 7 (es decir: 15, 8, 1)

SOLUCIONANDO PROBLEMAS
¿Cuánto es 12 - 3?
Solución: El número 3 es la suma de 2 y 1.
Entonces 12 - 3 se puede resolver por los primeros 12 - 2 y luego restar 1. 12 - 2 = 10; luego 10 - 1 = 9. **R.:** 12 - 3 = 9

¿Cuánto es 13 - 6?
Solución: 6 se puede separar en 3 y 3.

Ahora, 13 - 6 se puede resolver como 13 - 3 y luego resta 3. 13 - 3 = 10; luego 10 - 3 = 7. **R.:** 13 - 6 = 7.

EJERCICIO II

13 - 1 = 12	13 - 4 = 9	13 - 5 = 8	13 - 7 = 6	13 - 6 = 7
13 - 3 = 10	14 - 7 = 7	13 - 8 = 5	13 - 6 = 7	12 - 9 = 3
13 - 10 = 3	13 - 5 = 8	13 - 4 = 9	12 - 6 = 6	14 - 7 = 7
13 - 4 = 9	12 - 9 = 3	12 - 8 = 4	12 - 5 = 7	12 - 7 = 5
12 - 4 = 8	12 - 5 = 7	12 - 4 = 8	14 - 5 = 9	12 - 11 = 1
11 - 2 = 9	11 - 3 = 8	11 - 7 = 4	11 - 4 = 7	11 - 6 = 5
5 + 6 = 11	11 - 5 = 6	11 - 5 = 6	13 - 5 = 8	13 - 6 = 7
12 - 4 = 8	12 - 5 = 7	12 - 5 = 7	13 - 8 = 5	13 - 7 = 6

EJERCICIO III

- What is 11 minus 2? **R.:** 9 (2 = 1 + 1; 11 - 1 = 10 and 10 - 1 = 9)
- What is 12 minus 10? **R.:** 2
- What is 12 minus 3? **R.:** 9
- What is 12 minus 2? **R.:** 10
- What is 12 minus 3? **R.:** 9
- What is 12 minus 4? **R.:** 8
- What is 12 minus 9? **R.:** 3 (12 - 10 = 2, the 2 + 1 = 3)
- What is 12 minus 5? **R.:** 7 (5 = 2 + 3; 12 - 2 = 10, 10 -3 =7)
- What is 13 minus 4? **R.:** 9
- What is 13 minus 5? **R.:** 8
- What is 13 minus 12? **R.:** 1
- What is 14 minus 4? **R.:** 10
- What is 14 minus 5? **R.:** 9
- What is 14 minus 6? **R.:** 8
- What is 14 minus 7? **R.:** 7
- What is 15 minus 6? **R.:** 9
- What is 15 minus 7? **R.:** 8

EJERCICIO IV

9 + 3 = 12	14 - 4 = 10	14 - 5 = 9	14 - 7 = 7	14 - 6 = 8
12 - 9 = 3	14 - 6 = 8	14 - 8 = 6	15 - 7 = 8	14 - 9 = 5
14 - 10 = 4	15 - 9 = 6	15 - 4 = 11	15 - 6 = 9	15 - 7 = 8
15 - 8 = 7	13 - 9 = 4	15 - 8 = 7	15 - 9 = 6	15 - 8 = 7
15 - 6 = 9	12 - 5 = 7	12 - 6 = 6	14 - 3 = 11	12 - 2 = 10
9 + 6 = 15	12 - 2 = 10	11 - 3 = 8	13 - 4 = 9	11 - 6 = 5
15 - 8 = 7	11 - 7 = 4	11 - 5 = 6	14 - 4 = 10	13 - 2 = 11
13 - 2 = 11	12 - 5 = 7	13 - 6 = 7	13 - 9 = 4	13 - 9 = 4
8 + 6 = 14	13 - 3 = 10	13 - 4 = 9	13 - 5 = 8	14 - 8 = 6

EJERCICIO V

- By how much is 12 larger than 9?   **R.:** 3
- By how much is 11 larger than 4?   **R.:** 7
- By how much is 14 larger than 7?   **R.:** 7
- By how much is 15 larger than 8?   **R.:** 7
- By how much is 13 larger than 5?   **R.:** 8
- By how much is 13 larger than 9?   **R.:** 4
- By how much is 15 larger than 7?   **R.:** 8
- By how much is 15 larger than 9?   **R.:** 6
- By how much is 13 larger than 7?   **R.:** 6

PROBLEMAS DE PALABRAS

1. En una caja de diez lápices, solo 5 son afilados. ¿Cuántos no son afilados? **R.:** 5 lápices no son afilados.
2. Había 10 fotos en el álbum. Saqué 2. ¿Cuántas fotos quedan en el álbum? **R.:** 8 fotos.
3. El equipo tiene 12 jugadores. 9 jugadores llegaron a tiempo. ¿Cuántos llegaron tarde? **R.:** 3 jugadores.
4. Son las 11 en punto. El reloj del abuelo sonó 8 veces. ¿Cuántas campanas quedan por sonar? **R.:** 3 veces más.

5. De 12 problemas en la prueba, Cole solo terminó 7. ¿Cuántos problemas no terminó? **R.:** 5 problemas.

6. George compró una docena de huevos. De camino a casa, 4 huevos se rompieron. ¿Cuántos huevos en buen estado trajo a casa? **R.:** 8 huevos. Recuerda, una docena significa 12.

7. Tendré 10 años en 7 meses. ¿Cuántos años tengo? **R.:** Ahora tengo 9 años, porque se necesitan 12 meses para hacer 1 año.

8. Mi hermana tiene 13 años. ¿Cuántos años tenía hace 3 años? **R.:** 10 años.

    a) ¿Qué edad tenía hace 5 años? **R.:** 8 años.

    b) ¿Qué edad tenía hace 6 años? **R.:** 7 años.

    c) ¿Qué edad tenía hace 10 años? **R.:** 3 años.

9. Mi primo tiene 14 años y yo solo 6. ¿Por cuántos años él es mayor que yo? **R.:** 8 años.

10. Jill puede beber su jugo de naranja en 13 sorbos. Ya bebió 9 veces. ¿Cuántos sorbos quedan para terminar su bebida? **R.:** 4 sorbos.

11. El almuerzo tiene 4 cucharas, 4 tenedores y 4 cuchillos. ¿Cuántos artículos tiene el almuerzo? **R.:** 12 artículos.

12. Hay 12 artículos en el set y usamos 6. ¿Cuántos quedan? **R.:** 6 artículos.

13. Hay 11 millas entre mi casa y la casa de mis abuelos. Mi hermana me dejó a 9 millas de la casa de la abuela. ¿Cuántas millas tengo que caminar hasta su casa? **R.:** 2 millas.

14. Hay 15 filas en el teatro, y se llenaron 6 filas. ¿Cuántas filas están vacías? **R.:** 9 filas.

15. Hannah siempre se toma un descanso después de terminar 8 problemas. Tiene 14 problemas que hacer. ¿Cuántos problemas hará después del descanso? **R.:** 6 problemas.

16. Cuando el joven Newton se sentó bajo el árbol, 12 manzanas cayeron. Comió 4 y se llevó a casa 2. ¿Cuántos dejó bajo el árbol? **R.:** 6 manzanas. *No pensó en la gravedad ese día.*

17. Quince patitos nadaron en un estanque. 4 fueron a la orilla y 1 se fue a buscar a su mamá pato. ¿Cuántos patitos aún están en el estanque? **R.:** 10 patitos.

18. En total, trece perros llegaron al parque: 3 perros perdigueros y 3 caniches y el resto eran mestizos. ¿Cuántos mestizos vinieron al parque? ***R.:*** 7 mestizos (13 – 3 = 10; luego 10 – 3 = 7).

19. En una carrera de papas, Lutero perdió 4 de 12 papas. ¿A cuántas recogió? ***R.:*** 8 papas.

20. Por mi cumpleaños, recibí $10 de mi hermana y $5 de mi hermano. Ya he gastado $7. ¿Cuánto queda de mi regalo de cumpleaños? ***R.:*** $8.

Tengo 9 años. ¿En cuántos años voy a tener 11 años? ***R.:*** 2 años.

a) ¿En cuántos años voy a tener 13 años? ***R.:*** 4 años.

b) ¿En cuántos años voy a tener 15 años? ***R.:*** 6 años.

c) ¿En cuántos años voy a tener 12 años? ***R.:*** 3 años.

21. Durante la competición, el mejor tiro de piedra fue de 13 metros y el peor fue de 8. ¿Cuál es la diferencia entre el mejor y el peor lanzamiento? ***R.:*** 5 metros.

22. Si necesito $6 más para pagar mi boleto de $12, ¿cuánto dinero tengo ahora? ***R.:*** $6.

23. Las 14 plantas de mi clase deben ser regadas. Yo regué 7, Lisa regó 4, y Sean regó solo 3. ¿Cuántas plantas más quedan por regar? ***R.:*** Ninguna, todas están listas.

24. Hay 6 casas en el lado izquierdo de la calle y 7 a la derecha. Bella vendió galletas Girl Scouts a 5 casas. ¿Cuántas casas más tiene que visitar en su calle? ***R.:*** 8 casas.

25. Morris plantó 8 tomates en un lado del patio y 5 tomates en el otro. Solo 10 tomates crecieron. ¿Cuántos faltaron por crecer? ***R.:*** 3 tomates.

26. Un equipo tiene 12 jugadores, pero solo 8 camisetas de equipo. ¿Cuántas camisas faltan? ***R.:*** 4 camisas.

27. Hay 10 letras en un código secreto para la caja fuerte secreta. Solo recuerdo 7. ¿Cuántas cartas más necesito recordar para abrir la caja fuerte secreta? ***R.:*** 3 letras.

28. Pablo recogió 11 camisas y las puso en el cesto junto con otras 4 camisas. ¿Cuántas camisas hay en el cesto? ***R.:*** 15 camisas.

29. Había 15 cisnes en el lago. 7 cisnes volaron hacia el sur, 8 se fueron al norte. ¿Cuántos cisnes hay en el lago ahora?
    R.: 0 cisnes o ninguno.

30. Fred atrapó 5 pescados azules y 7 róbalos en el lago. Dejó 2 pescados azules y 3 róbalos ir porque eran demasiado pequeños. ¿Cuántos pescados trajo a casa? **R.:** 7 pescados.

31. Noah imprimió 13 folletos de "perro perdido" y publicó 6. ¿Cuántos folletos más quedan por publicar? **R.:** 7 folletos. Espero que encuentre a su perro.

32. Doce corredores corrieron el maratón. Primero, 3 corredores se cansaron y se detuvieron y luego otros 3 corredores se cansaron y renunciaron. Luego 3 corredores más resultaron heridos y se detuvieron. ¿Cuántos corredores terminaron la carrera?
    R.: 3 corredores.

33. Donamos nuestra ropa vieja. Doné 3 camisas y 4 pares de pantalones. Tina donó 5 vestidos y 2 suéteres. ¿Cuántas prendas donamos? **R.:** 14 prendas.

34. Tomé $15 y compré un boleto de $5 para Adam y otro boleto de $5 para Brianna. ¿Cuánto dinero me queda para comprar un boleto? **R.:** $5.

35. Para el concurso de talentos de la escuela, escribí 6 poemas y 9 canciones. Solo canté 2 canciones y recité 2 poemas. ¿Cuántos poemas y canciones me quedan para el próximo espectáculo?
    R.: 11 (6 + 9 =15; luego 15 - 2 = 13 y 13 - 2 = 11).

36. Invité a unos monstruos amistosos a mi habitación. Al principio, llegaron 5 monstruos rojos; luego vinieron 6 monstruos verdes; luego vinieron 2 monstruos amarillos y 3 monstruos verdes huyeron. ¿Cuántas personas hay en la habitación? **R.:** Solo 1, yo. ¡Es un truco! Los monstruos no son reales, no son personas.

37. Hay 13 rayas en la bandera americana. Hay 7 rayas rojas. ¿Cuántas rayas blancas hay en la bandera? **R.:** 6. Por cierto, ¿sabías que 13 rayas en la bandera representan las 13 colonias originales?

38. Calvin asó 15 castañas. Puso 8 en una bolsa de papel y el resto en otra. ¿Cuántas castañas asadas entraron en la segunda bolsa?
    R.: 7 castañas.

39. Hay 13 niños en mi calle. 7 niños montan bicicletas, y el resto prefieren el monopatín. ¿Cuántos niños montan monopatín? ***R.:*** 6 niños.

40. Había 7 niños en la clase de patinaje artístico; luego 6 más se unieron. ¿Cuántos niños hay en la clase? ***R.:*** 13 niños.

41. La primera noche, 4 mosquitos picaron Phyllis 6 veces. La segunda noche, 5 mosquitos lo picaron 7 veces. ¿Cuántas veces lo picaron? ***R.:*** 13 veces. Recuerda, estamos contando las picaduras, no los mosquitos.

42. Un descanso dura 15 minutos. Si me tomo 9 minutos para jugar a la pelota, ¿cuánto tiempo sobra? ***R.:*** 6 minutos.

43. Un año tiene 12 meses. Vamos a la escuela 9 meses. ¿Cuántos meses estamos de vacaciones? ***R.:*** 3 meses.

44. Había 14 niños en la clase de karate. 5 niños abandonan después de tener el cinturón rojo. ¿Cuántos niños se quedaron a comprar cinturones negros? ***R.:*** 9 niños.

45. Un mensajero tuvo que entregar 12 paquetes. Ella entregó 6 en la mañana y 3 por la tarde. ¿Cuántos más quedan por entregar? ***R.:*** 3 paquetes.

46. Un ciclista anduvo 11 millas: 5 millas cuestan arriba, 4 millas cuestan abajo y el resto con en terreno plano. ¿Cuántas millas anduvo en terreno plano? ***R.:*** 2 millas.

47. Rolando tenía 7 lápices. Compró más y ahora tiene 11. ¿Cuántos lápices compró? ***R.:*** 4 lápices.

48. Lora leyó 13 libros. María leyó 5 menos. ¿Cuántos libros leyó María? ***R.:*** 8 libros.

49. Un equipo necesitaba 15 jugadores. Solo encontró 9. ¿Cuántos más se necesitan? ***R.:*** 6 jugadores.

50. Un profesor recibió 14 cartas. Había 5 cartas, 4 postales y el resto eran diarios. ¿Cuántos diarios había? ***R.:*** 5 diarios. La revista es una revista que tiene artículos sobre un tema especial.

51. Paul explotó 12 burbujas de jabón. Paula explotó 3 menos que Pablo. ¿Cuántas burbujas explotó Paula? ***R.:*** 9 burbujas.

52. ¿Cuántas rosquillas son 7 rosquillas más 6 rosquillas? ***R.:*** 13 rosquillas.

53. Amy y Ann estaban saltando la cuerda. Ann saltó 13 veces y Amy saltó 7 veces. ¿Cuántas veces más saltó Ann que Amy? ***R.:*** 6 veces.

54. Michael y Nancy juntan su dinero para comprar flores. Michael tiene $7. Nancy tiene $6. Las flores cuestan $15. ¿Cuánto dinero necesitan? ***R.:*** $2.

55. La madre de Dina mide 5 pies de altura. Su padre mide 6 pies de altura. Si la mamá de Dina se sube a la cabeza de su padre, ¿cuán altos serían? ***R.:*** 11 pies.

56. Selena hizo 7 vasos de limonada. Luego hizo 5 más. Vendió 6 vasos de limonada. ¿Cuántos vasos no logró vender? ***R.:*** 6 vasos.

SUMA Y RESTA HASTA 15

EJERCICIO I

- Cuenta hacia adelante de 0 a 14 sumando 2 (es decir, 2, 4, 6, 8, etc.)
- Cuenta hacia adelante de 0 a 15 sumando 3 (es decir, 3, 6, 9, etc.)
- Cuenta hacia adelante de 0 a 12 sumando 4 (es decir, 4, 8, etc.)
- Cuenta hacia adelante de 0 a 15 sumando 5 (es decir, 5, 10, 15)
- Cuenta hacia atrás de 15 a 0 restando 3 (15, 12, 9, etc.)
- Cuenta hacia atrás de 15 a 3 restando 4 (15, 11, 7, 3)
- Cuenta hacia atrás de 15 a 1 restando 2 (15, 13, 11, 9, etc.)
- Cuenta hacia atrás de 15 a 0 restando 5 (15, 10, 5, 0)

EJERCICIO II

6 + 2 + 2 = 10	7 + 2 + 4 = 13	4 + 3 + 6 = 13	5 + 4 + 6 = 15
5 + 5 + 5 = 15	8 + 3 + 3 = 14	3 + 3 + 6 = 12	5 + 2 + 7 = 14
5 + 4 + 5 = 14	2 + 5 + 8 = 15	7 + 3 + 4 = 14	8 + 4 + 3 = 15
9 + 3 + 2 = 14	9 + 1 + 3 = 13	4 + 4 + 4 = 12	9 + 4 + 1 = 14
4 + 2 + 4 = 10	10 + 2 + 2 = 14	4 + 6 + 1 = 11	4 + 5 + 6 = 15
8 + 5 + 2 = 15	5 + 4 + 4 = 13	4 + 5 + 2 = 11	6 + 5 + 3 = 14
3 + 3 + 4 = 10	8 + 2 + 5 = 15	11 + 2 + 2 = 15	2 + 9 + 4 = 15
11 + 3 + 1 = 15	11 + 2 + 1 = 14	4 + 3 + 3 = 10	4 + 6 + 2 = 12

EJERCICIO III

- ¿Cuál número más 2 es igual a 10? **R.:** 8.
- ¿Cuál número más 5 es igual a 10? **R.:** 5.
- ¿Cuál número más 7 es igual a 10? **R.:** 3.
- ¿Cuál número más 6 es igual a 10? **R.:** 4.
- ¿Cuál número más 3 es igual a 10? **R.:** 7.
- ¿Cuál número más 2 es igual a 10? **R.:** 8.
- ¿Cuál número más 4 es igual a 10? **R.:** 6.
- ¿Cuál número más 8 es igual a 10? **R.:** 2.
- ¿Cuál número más 3 es igual a 14? **R.:** 11.
- ¿Cuál número más 5 es igual a 14? **R.:** 9.
- ¿Cuál número más 7 es igual a 14? **R.:** 7.
- ¿Cuál número más 8 es igual a 14? **R.:** 6.
- ¿Cuál número más 4 es igual a 12? **R.:** 8.
- ¿Cuál número más 5 es igual a 12? **R.:** 7.
- ¿Cuál número más 3 es igual a 12? **R.:** 9.
- ¿Cuál número más 4 es igual a 13? **R.:** 9.
- ¿Cuál número más 6 es igual a 13? **R.:** 7.
- ¿Cuál número más 5 es igual a 13? **R.:** 8.
- ¿Cuál número más 7 es igual a 13? **R.:** 6.

EXERCISE IV

? + 8 = 10 **R.:** 2	? + 12 = 14 **R.:** 2	? + 3 = 15 **R.:** 12
? + 0 = 3 **R.:** 3	? + 3 = 6 **R.:** 3	? + 2 = 3 **R.:** 1
? + 0 = 4 **R.:** 4	? + 2 = 5 **R.:** 3	? + 4 = 6 **R.:** 2
? + 2 = 5 **R.:** 3	? + 3 = 3 **R.:** 0	? + 4 = 4 **R.:** 0
? + 0 = 5 **R.:** 5	? + 5 = 6 **R.:** 1	? + 1 = 2 **R.:** 1
? + 1 = 4 **R.:** 3	? + 1 = 2 **R.:** 1	? + 4 = 5 **R.:** 1
? + 4 = 6 **R.:** 2	? + 3 = 5 **R.:** 2	? + 3 = 4 **R.:** 1
? + 1 = 5 **R.:** 4	? + 5 = 5 **R.:** 0	? + 4 = 5 **R.:** 1
? + 2 = 4 **R.:** 2	? + 3 = 5 **R.:** 2	? + 2 = 5 **R.:** 3

PROBLEMAS DE PALABRAS

1. ¿Cuál es el número más grande de (un) solo dígito? **R.:** 9.

2. Glenn tiene 12 años. ¿Cuántos años tenía hace 4 años? **R.:** 8 años.
   a) ¿Qué edad tenía hace 6 años? **R.:** 6 años.
   b) ¿Qué edad tenía hace 11 años? **R.:** 1 año.
   c) ¿Qué edad tenía hace 7 años? **R.:** 5 años.

3. Ann le dio $7 al fondo de la escuela. Ben dio lo suficiente para hacer el fondo de la escuela $12 en total. ¿Cuánto dinero dio Ben? **R.:** $5.

4. Había 9 barcos navegando en el lago. Entonces, 2 barcos regresaron a la costa y 3 barcos nuevos salieron. ¿Cuántos barcos hay en el lago ahora? **R.:** 10 barcos (9 - 2 + 3 = 10).

5. Morgan durmió 7 horas hoy. Por lo general, duerme 9 horas. ¿Cuántas horas menos durmió hoy? **R.:** 2 horas.

6. Un zoológico tenía 13 animales de África. Había 4 jirafas, 2 cebras y el resto eran elefantes africanos. ¿Cuántos elefantes africanos tenía el zoológico? **R.:** 7 elefantes. *¿Puedes distinguir entre un elefante de África y otro de la India?*

7. El zoológico también tenía 5 chimpancés. Trajeron 7 más fueron de África. ¿Cuántos chimpancés hay ahora en el zoológico? **R.:** 12 chimpancés.

8. Si había 7 peces koi en el estanque y sumamos 7 más, ¿cuántos peces koi hay en el estanque? **R.:** 14 peces koi.

9. Papá le dijo a Amy: "Somos 6 y todos montamos en bicicleta. ¿Cuántas ruedas tienen todas las bicicletas juntas?" **R.:** 12 ruedas. Si el problema es demasiado difícil para un niño, cuente primero todas las ruedas delanteras (seis) y luego agregue las ruedas traseras (seis).

10. Mamá le dijo a Amy: "Somos 6 en la familia. No conseguimos encontrar tu ubicación exacta. ¿Cuántos platos necesitamos? **R.:** 10 platos de cena.
    Solución: 6 miembros de la familia + 6 invitados a 12 personas a estar en la cena. Ahora, 12 invitados invitaron a 2 invitados que no pudieron venir 10 personas y 10 cenaron.

11. Amy necesitaba 12 tarjetas para la cena. Para cuando comenzó la cena, solo había hecho 4 cartas. ¿Cuántas cartas más necesita hacer? *R.:* 8 cartas.

12. La Pequeña Estrella titiló 3 veces y luego 9 veces más. ¿Cuántas veces titiló la Estrella? *R.:* 12 veces.

13. Sarah recogió 6 bayas de un arbusto y 6 de otro arbusto. Su ardilla mascota tomó 3 bayas y huyó. ¿Cuántas bayas puso en el plato? *R.:* 9 bayas (6 + 6 = 12; luego 12 - 3 = 9).

14. Si Nina tenía 5 regalos para la familia y 7 para sus amigos, pero solo envolvió 4, ¿cuántos más necesita envolver? *R.:* 8 regalos más para envolver (5 + 7 = 12; luego 12 - 4 = 8).

15. El domingo, Bobby pasó 3 horas haciendo su tarea, 4 horas jugando al aire libre y 2 horas ayudando a mamá. ¿Cuántas horas estuvo ocupado? *R.:* 9 horas.

16. La mamá de Tom le dio 5 juguetes nuevos y su padre le dio 7 más. ¿Cuántos juguetes nuevos tiene? *R.:* 12 juguetes.

17. Una araña asustó a la pequeña Señorita Muffet y le gustó tanto que invitó a 11 amigos araña. ¿Cuántas arañas van a asustar a la Señorita Muffet ahora? *R.:* 12 arañas. ¿Le tendrías miedo a 12 arañas?

18. Glenn tenía $4, ganó otros $4 más cuidando un bebé y luego $4 más limpiando el jardín. ¿Cuánto dinero tiene? *R.:* $12. Si fueras Glenn, ¿qué harías con el dinero?

19. Cory voló 5 globos y Dana voló 6. Por la noche estallaron 4 globos. ¿Cuántos globos quedaron? *R.:* 7 globos (5 + 6 = 11; luego 11 - 4 = 7).

20. Había 9 toneladas de heno en un granero; 5 más fueron traídos, pero 4 fueron llevados. ¿Cuántas toneladas de heno hay en el granero? *R.:* 10 toneladas de heno.

21. De las 15 personas que se esperaban para una carrera, 4 llamaron para decir que no podían venir. ¿Cuántas personas vinieron a la carrera? *R.:* 11 personas.

22. Si tomé 9 manzanas de la bolsa y hay 4 manzanas todavía dentro, entonces ¿cuántas había al principio? *R.:* 13 manzanas. *Solución:* Este es un problema un poco difícil. Sin embargo, hay 9 manzanas hacia fuera (las que saqué) + 4 manzanas (que se

quedaron en la bolsa), entonces en total 9 + 4 = 13 manzanas dentro y fuera de la bolsa.

23. Papá cortó un pedazo de manguera de jardín en dos pedazos. Una parte es de 8 pies de largo, y la otra es de 5 pies de largo. ¿Cuánto tiempo estuvo la manguera antes de que papá la cortara?
    R.: 13 pies.

24. Recogí 5 rosas, 5 margaritas y 5 peonías. ¿Cuántas flores recogí?
    R.: 15 flores.

25. En nuestro jardín tenemos 4 robles, 4 arcenes y 4 abedules. ¿Cuántos árboles hay en el jardín? **R.:** 12 árboles.

26. Si ambos equipos anotaron 14 puntos en el partido y nuestro equipo anotó 7, ¿cuántos puntos anotó el otro equipo?
    R.: 7 puntos. ¿Quién ganó? Fue un empate.

27. Toma el número 4. Suma 4 y luego suma 7. Ahora réstale 10. ¿Qué número conseguiste?
    R.: 5 (4 + 4 = 8; luego 8 + 7 = 15 y 15 - 10 = 5).

28. De 14 bayas, el chef tiró 3 que estaban podridas y 2 que eran blandas. ¿Cuántas bayas quedaron para la tarta de frutas?
    R.: 9 bayas.

29. En el zoológico, un caimán mide 13 pies de largo y otro solo 8 pies. ¿Por cuántos pies es un caimán más grande que el otro?
    R.: por 5 pies.

30. El viento sopló 6 hojas de roble y 7 hojas de arce. Una ardilla recogió 9 hojas. ¿Cuántos siguen en tierra? **R.:** 4 hojas.

31. El cumpleaños de Cesar es en el 12avo mes. Hoy estamos en el 3er mes. ¿Cuántos meses faltan para el cumpleaños de Cesar?
    R.: 9 meses.

32. Hay 9 rocas en un lado de la calle y 5 rocas en el otro. ¿Cuántas rocas hay en total? **R.:** 14 rocas.

33. ¿Cuánto es 8 horas más 6 horas? **R.:** 14 horas.

34. Un delantero pateó el balón 6 veces durante la primera mitad del partido de fútbol y 7 veces en la segunda mitad. Perdió el gol 9 veces. ¿Cuántas veces anotó? **R.:** 4 veces.

35. Un árbol fue cortado en tres pedazos. La primera pieza era de 2 pies, la segunda pieza era de 7 pies y la última pieza era de 5 pies. ¿Cuánto medía todo el árbol? ***R.:*** 14 pies.

36. Elsa y Fred juntos tienen $14. Elsa tiene $8. ¿Cuánto tiene Fred? ***R.:*** $6.

37. Tres ratones ciegos chocaron con 11 ratas ciegas. ¿Cuántos roedores ciegos hay? ***R.:*** 14 roedores. ¿Qué es un roedor?

38. Dos habitaciones tienen 12 sillas. Si la primera habitación tiene 7 sillas, ¿cuántas sillas hay en la segunda habitación? ***R.:*** 5 sillas.

39. Luke y Mike compraron una pelota de fútbol por $13. Luke pagó $11. ¿Cuánto pagó Mike? ***R.:*** $2.

40. El viejo rey Cole llamó a 12 violinistas, pero solo 3 aparecieron. ¿Cuántos no vinieron? ***R.:*** 9 violinistas. Creo que están en un gran problema.

41. Un jinete montó un caballo nuevo 15 veces. Se cayó del caballo 6 veces. ¿Cuántas veces se mantuvo en la silla? ***R.:*** 9 veces.

42. Había 6 mangos en una caja y 8 mangos en la otra. Juan puso todos los mangos en una caja y luego sacó 5. ¿Cuántos mangos quedaron en la caja? ***R.:*** 9 mangos (6 + 8 = 14; luego 14 - 5 = 9).

43. Un zapatero tenía 14 zapatos para reparar. Después de reparar 8 zapatos, le trajeron 7 más. ¿Cuántos zapatos hay por reparar ahora? ***R.:*** 13 zapatos.
    Solución: 14 zapatos para fijar 8 zapatos que ya reparó 6 zapatos. Luego 6 zapatos + 7 zapatos traídos = 13 zapatos.

44. Un médico tenía 14 pacientes en la sala de espera. Después de ver 9 pacientes, 6 nuevos pacientes entraron. ¿Cuántos pacientes hay ahora en la sala de espera? ***R.:*** 11 pacientes.

45. Una cucaracha corrió un camino. Corrió 8 pies; luego corrió hacia atrás 2 pies. Y luego corrió 5 pies hacia adelante. ¿Cuántos pies hacia adelante corrió? ***R.:*** 11 pies (8 - 2 = 6; luego 6 + 5 = 11).

46. Dee compró 12 globos para su cumpleaños. Camino a su casa, 8 globos volaron. Luego volvió y trajo a casa 7 globos más. ¿Cuántos globos tiene ahora? ***R.:*** 11 globos.

47. Un marinero ató dos cuerdas de 8 pies y 5 pies de largo. Luego, cortó 3 pies de la nueva cuerda. ¿Cuánto mide la cuerda ahora? ***R.:*** 10 pies (8 + 5 = 13; luego 13 - 3 = 10).

48. Una foca entrenada equilibró 3 bolas en su aleta derecha, 4 bolas en su aleta izquierda y 6 bolas en su nariz. Entonces, todas las bolas se cayeron. ¿Cuántas bolas cayeron? ***R.:*** 13 bolas (3 + 4 = 7; luego 7 + 6 = 13).

49. Shana y Shawn compraron una pelota de fútbol por $23. Shawn pagó $11. ¿Cuánto pagó Shana? ***R.:*** $12.

50. El director de la escuela dará un premio Falcon si un estudiante hace 10 buenas obras. June tiene 3 buenas obras más que hacer antes de recibir el premio. ¿Cuántas buenas obras ya ha hecho? ***R.:*** 7 buenas de obras.

SUMA Y RESTA HASTA 17

EJERCICIO I

8 + 7 = 15	16 - 8 = 8	17 - 6 = 11	16 - 7 = 9	16 - 8 = 8
8 + 8 = 16	17 - 8 = 9	16 - 8 = 8	15 - 6 = 9	8 + 9 = 17
9 + 6 = 15	16 - 9 = 7	15 - 8 = 7	17 - 8 = 9	6 + 9 = 15
15 - 9 = 6	16 - 7 = 9	17 - 6 = 11	14 - 6 = 8	8 + 9 = 17
7 + 9 = 16	11 - 6 = 17	15 - 9 = 6	16 - 3 = 13	16 - 5 = 11
16 - 7 = 9	15 + 2 = 17	17 - 3 = 14	16 - 9 = 7	15 - 6 = 9
8 + 8 = 16	14 + 3 = 17	11 + 5 = 16	15 - 9 = 6	15 - 10 = 5
16 - 7 = 9	12 + 5 = 17	13 - 7 = 6	12 - 5 = 7	13 - 9 = 4

PROBLEM SOLVING

¿Cuánto es 14 - 12?
Solución: 12 es igual a 10 + 2, luego
14 - 12 se puede considerar como 14 - 10 - 2
14 - 10 = 4, 4 - 2 = 2. Por lo tanto: 14 - 12 = 2.

EJERCICIO II

9 - 3 = 6	4 - 4 = 0	7 - 5 = 2	9 - 7 = 2	13 - 7 = 6
13 - 8 = 5	14 - 9 = 5	9 - 8 = 1	12 - 7 = 5	11 - 6 = 5
13 - 5 = 8	14 - 9 = 5	9 - 5 = 4	7 - 6 = 1	9 - 7 = 2

12 - 9 = 3	15 - 9 = 6	10 - 6 = 4	14 - 6 = 8	11 - 7 = 4
12 - 6 = 6	11 - 3 = 8	9 - 4 = 5	12 - 6 = 6	13 - 8 = 5
14 - 7 = 7	11 - 5 = 6	15 - 4 = 11	15 - 2 = 13	16 - 2 = 14
15 - 3 = 12	13 - 5 = 8	12 - 6 = 6	11 - 7 = 4	12 - 3 = 9

Aprende un truco: Restando 9 de un número de dos dígitos:

Problema: ¿Cuánto es 15 - 9?
Solución: Vamos a fingir que en lugar de 9 restamos 10 de 15. Luego, 15 - 10 = 5. ¡Fácil!
Pero nos llevamos 10 que es más grande que 9 por 1. Ahora tenemos que devolverlo. 5 + 1 = 6. 15 - 9 = 6.

13 - 9 = 4	14 - 9 = 5	12 - 9 = 3
17 - 9 = 8	15 - 9 = 6	11 - 9 = 2

EJERCICIO III

- ¿Cuál número sumado a 5 es igual a 12? **R.:** 7.
- ¿Cuál número sumado a 4 es igual a 15? **R.:** 11.
- ¿Cuál número sumado a 5 es igual a 14? **R.:** 9.
- ¿Cuál número sumado a 10 es igual a 15? **R.:** 5.
- ¿Cuál número sumado a 11 es igual a 16? **R.:** 5.
- ¿Cuál número sumado a 5 es igual a 13? **R.:** 8.
- ¿Cuál número sumado a 6 es igual a 14? **R.:** 8.
- ¿Cuál número sumando a 5 es igual a 11? **R.:** 6.
- ¿Cuál número sumado a 9 es igual a 12? **R.:** 3.
- ¿Cuál número sumado a 7 es igual a 14? **R.:** 7.
- ¿Cuál número sumado a 9 es igual a 16? **R.:** 7.
- ¿Cuál número sumado a 7 es igual a 15? **R.:** 8.
- ¿Cuál número sumado a 5 es igual a 10? **R.:** 5.
- ¿Cuál número sumado a 6 es igual a 13? **R.:** 7.

PROBLEMAS DE PALABRAS

1. Había 6 botones en mi camisa verde y 7 en mi camisa azul. ¿Cuántos botones hay en ambas camisas? ***R.:*** 13 botones.
   a) Si perdí 5 botones, ¿cuántos quedan todavía? ***R.:*** 8 botones.

2. Una sala de conciertos tenía 7 asientos vacíos en la orquesta y 5 en el balcón. ¿Cuántos asientos vacíos hay? ***R.:*** 12 asientos.
   a) Si vendieron 9 asientos justo antes del espectáculo, ¿cuántos asientos vacíos quedan? ***R.:*** 3 asientos.

3. Hay 9 clavos largos y 5 cortos en la caja. ¿Cuántos clavos hay en la caja? ***R.:*** 14 clavos.
   a) Un carpintero usó algunos y ahora solo quedan 6 clavos. ¿Cuántos clavos usó el carpintero? ***R.:*** 8 clavos.

4. Un jugador trajo 4 pelotas de golf y otro jugador trajo 8 pelotas para el juego. Al final del juego solo quedaban 5 pelotas. ¿Cuántas pelotas de golf perdieron? ***R.:*** 7 pelotas.

5. Durante el partido de fútbol, nuestro equipo anotó 7 goles y el equipo invitado anotó 8. ¿Cuántos goles se marcaron en el juego? ***R.:*** 15 goles.
   a) Seis goles fueron anotados durante la primera mitad del partido. ¿Cuántos goles se marcaron durante la segunda mitad? ***R.:*** 9 goles.

6. Jamal puso 2 onzas de jugo de naranja congelado en un frasco y agregó 12 onzas de agua. ¿Cuántas onzas hay en el frasco? ***R.:*** 14 onzas.
   a) Luego bebió 8 onzas del frasco. ¿Cuántas onzas quedan en el frasco? ***R.:*** 6 onzas.

7. Un fotógrafo tomó 9 fotos de un bebé sonriente y 4 fotos del bebé llorando. Luego escogió 7 buenas fotos para la familia. ¿A cuántas tiró? ***R.:*** 6 fotos.

8. En el torneo, un tenista ganó 5 partidos y perdió 3. Hay 15 partidos en total en un torneo. ¿Cuántos partidos quedan por jugar? ***R.:*** 7 partidos.

9. Gloria horneó 7 galletas de chocolate y Linda horneó 6. Juntas comieron 9. ¿Cuántas galletas dejaron para mañana? ***R.:*** 4 galletas.

10. Tenía 5 ranúnculos, 4 narcisos y 4 rosas. Hice un ramo y dejé 3 flores. ¿Cuántas flores hay en mi ramo? **R.:** 10 flores (5 + 4 + 4 = 13; luego 13 - 3 = 10).

11. Hay 7 chicos y 8 chicas en mi equipo. 6 chicos tomaron el autobús para ir a la práctica, y el resto del equipo caminó. ¿Cuántos chicos caminaron? **R.:** 9 chicos.

12. Ayer, Víctor aprendió 11 acordes de jazz y 4 acordes de blues en su guitarra. Hoy olvidó 6 acordes. ¿Cuántos acordes recuerda? **R.:** 9 acordes.

13. Un pescador atrapó 7 atunes y 8 salmones. Arrojó 4 peces al mar. ¿Cuántos guardó? **R.:** 11 peces.

14. Una semana tiene 7 días. Mi familia fue a acampar por 2 semanas. ¿Cuántos días acampamos? **R.:** 14 (7 + 7 = 14).

15. a) Fuimos de excursión todos los días, excepto los últimos 3 días. ¿Cuántos días fuimos de excursión? **R.:** 11 (14 - 3 = 11).

16. Había 7 trozos de chocolate con leche y 7 trozos de chocolate negro en la caja. Ahora solo quedan 2 trozos. ¿Cuántos faltan? **R.:** 12 piezas. ¿Qué crees que les pasó?

17. Un pescador capturó 8 pescados azules y 4 bagres en el lago. Le dio 6 pescados a su amigo. ¿Cuántos se llevó a casa? **R.:** 6 pescados.

18. Primero, 4 estudiantes trajeron 3 bolsas, y 7 maestros trajeron 8 bolsas. Luego, 3 profesores sacaron 9 bolsas. ¿Cuántas bolsas hay? **R.:** 8 bolsas. ¿Te confundiste? Ok, escucha el problema de nuevo y presta atención solo a las bolsas y no a las personas que las llevan (3 + 8 = 11; luego 11 - 9 = 2).

19. En una nueva ciudad, Jordan hizo 6 nuevos amigos y 9 nuevas amigas, pero luego perdió 4 amigos. ¿Cuántos amigos tiene Jordan ahora? **R.:** 11 amigos.

20. En el patio trasero, Bobby vio 5 ardillas, 7 armadillos y 2 mapaches. ¿Cuántos animales había en el patio trasero? **R.:** 14 animales.

21. "Midamos este triángulo", dijo el maestro. "El primer lado es de 3 pulgadas de largo, el segundo es de 4 pulgadas de largo y el tercero es de 5 pulgadas de largo. ¿Cuánto miden los 3 lados juntos?

R.: 12 lados. ¿Sabías que la longitud de los tres lados de un triángulo se llama perímetro? Es posible que debas mostrar un triángulo para ayudar a su hijo con este problema.

22. Jerry tenía 7 lápices. Compró más y ahora tiene 14. ¿Cuántos lápices compró? *R.:* 7 lápices.
    a) Jerry regaló todos menos 3 lápices. ¿Cuántos regaló? *R.:* 11 lápices.

23. Lynn leyó 13 libros. Mary leyó 5 menos que Lynn. ¿Cuántos libros leyó María? *R.:* 8 libros.

24. Sparky, el perro, encontró 9 huesos. Missy, el gato, encontró 4 menos que Sparky. ¿Cuántos huesos encontraron juntos? *R.:* 14 huesos.
    Solución: Sparky encontró 9 huesos, Missy encontró 9 huesos - 4 huesos = 5 huesos. Luego, 9 + 5 = 14 huesos que encontraron juntos. ¿Qué hará Missy con todos estos huesos?

25. Cameron tiene 8 sellos. Nicole tiene 5 menos. ¿Cuántos sellos tienen juntos? *R.:* 11 sellos.
    Solución: Cameron tiene 8 sellos, Nicole 8 - 5 = 3 (sellos). Juntos tienen 8 + 3 = 11 (sellos).

26. Después de hervir 7 huevos, herví 7 más. Usé 5 huevos hervidos para ensalada. ¿Cuántos huevos hervidos tengo ahora? *R.:* 9 huevos (7 + 7 = 14; luego 14 - 5 = 9).

27. 11 niños en el patio de recreo. Después de que 6 niños se fueron, llegaron 8 niños nuevos. ¿Cuántos niños hay en el patio de recreo ahora? *R.:* 13 niños (11 - 6 = 5; luego 5 + 8 = 13).

28. Ruth memorizó 6 poemas por la mañana y 7 poemas por la tarde. Al día siguiente, olvidó 12 poemas. ¿Cuántos poemas recordó? *R.:* 1 poema.

29. Andy tiene 4 zanahorias, Billy tiene 5 zanahorias, y Costa tiene 14. ¿Cuántas zanahorias más tiene Costa que Andy y Billy juntos? *R.:* 5 zanahorias.
    Solución: Andy y Billy juntos tienen 4 + 5 = 9 zanahorias. Luego, 14 (zanahorias Costa tiene) - 9 (zanahorias que Andy y Billy tienen juntos) = 5 zanahorias. Costa tiene 5 zanahorias más que

los otros dos conejos. Espero que hayas descubierto que Andy, Billy y Costa son conejos.

30. Ocho chicos y 7 chicas fueron al teatro. Cuatro chicos se sentaron en la primera fila y el resto se sentaron en la segunda fila. ¿Cuántos chicos se sentaron en la segunda fila? ***R.:*** 11 chicos.

31. Liz compró 4 globos verdes, 5 globos rojos y 4 globos rosados. En el camino a casa 3 globos estallaron. ¿Cuántos llegaron a casa sanos y salvos? ***R.:*** 10 globos (4 + 5 + 4 = 13; luego 13 - 3 = 10).

32. Corrí 3 tramos de escaleras. El primer vuelo tenía 6 pasos, el segundo tenía solo 5, y el tercero tenía 4 pasos. ¿Cuántos pasos hubo por completo? ***R.:*** 15 pasos.

33. Miriam dibujó 4 dibujos y luego 9 más. Más tarde, regaló 6 fotos. ¿Cuántas fotos guardó? ***R.:*** 7 imágenes.

34. Había 4 sillas en la sala de estar. Trajimos 4 sillas más de una habitación y 6 sillas de otra habitación. ¿Cuántas sillas hay en la sala de estar ahora? ***R.:*** 14 sillas.

35. Un camión con remolque mide 16 pies de largo. El remolque por sí mismo es de 5 pies de largo. ¿Cuánto mide el camión? ***R.:*** 11 pies.

36. Si restas 10 menos 16, ¿cuánto es? ***R.:*** 6.

37. Dos marineros levantaron 17 banderas. El primer marinero levantó 8 banderas. ¿Cuántos criaron los otros marineros? ***R.:*** 9 banderas.

38. Hay 3 hombres en la bañera y 13 hombres fuera de la bañera. ¿Cuántos hombres hay en total? ***R.:*** 16 hombres.

39. Zack tiene 4 estantes con 12 libros. Zoë tiene 12 estantes con 4 libros.
    a) ¿Cuántos estantes tienen ambos? ***R.:*** 16 estantes.
    b) ¿Cuántos libros tienen ambos? ***R.:*** También 16.

40. Kirk puso 5 rosas, 4 margaritas 3 violetas en el jarrón. Al día siguiente, sacó 12 flores del jarrón. ¿Cuántas flores dejó en el jarrón? ***R.:*** Ninguna.

41. El traje de Halloween de Claire tenía 2 botones grandes, 7 botones medianos, 3 botones pequeños y 1 botón diminuto. Después de hacer trucos o tratos, se dio cuenta de que faltaban 5 botones.

¿Cuántos botones hay ahora en el traje? ***R.:*** 8 botones.
Solución: vamos a contar: 2 + 7 es 9 más 3 lo hace 12, más 1 lo hace 13. Había 13 botones en el traje. Claire perdió 5; 13 - 5 = 8.

42. La abuela horneó 7 tartas de manzana y 8 galletas. Comimos todas las tartas de manzana y solo 3 galletas. ¿Cuántas tartas de manzana y galletas quedan? ***R.:*** 5 galletas. No hay tartas de manzana porque nos las comimos todas.

43. Joyce hizo 4 sándwiches de pavo y 7 sándwiches de queso. La familia comió todos los sándwiches de pavo y 2 sándwiches de queso. ¿Cuántos sándwiches quedan? ***R.:*** 5 sándwiches.
Solución: Hubo 4 + 7 = 11 (sándwiches); luego 11 - 4 =7 y 7 - 2 = 5 (sándwiches).
De otra manera: 7 (sándwiches de queso) – 2 = 5; no hay sándwiches de pavo.

44. Sandy tenía $8 en su bolsillo izquierdo y $4 en su bolsillo derecho. Después de pagar la comida para gatos con $8, ¿cuánto dinero tiene? ***R.:*** $4.
Solución: $8 + $4 = $12(en ambos bolsillos); luego $12 - $8 (Sandy pagó por la comida para gatos) = $ 4 (tiene).

45. Henry ganó 6 premios. Ali ganó 3 más que Henry. ¿Cuántos premios ganaron juntos? ***R.:*** 15 premios.
Solución: Ali tiene 6 + 3 = 9 premios. Ambos chicos tienen premios de 6 + 9 = 15.

46. Los pendientes y el collar cuestan $16. El collar es de $11. ¿Cuánto costaban los pendientes? ***R.:*** $5.

47. Trina recogió 4 manzanas, 5 peras y 6 limones. De ellos le dio 14 frutas al vecino. ¿Cuántas frutas guardó para sí misma? ***R.:*** 1 fruta.

UN RETO

48. Hay 8 millas de la casa del actor al set de cine. El actor condujo 3 millas y luego volvió a casa y luego condujo hasta el set. ¿Cuántas millas condujo el actor? ***R.:*** 14 millas.
Solución: primero, el actor condujo 3 millas; luego, condujo hacia atrás 3 millas, que hace 6. Luego tuvo que empezar de nuevo y condujo 8 millas hasta el set. 6 + 8 = 14 millas.

16

SUMA DE HASTA 20 Y SUMA DE NÚMEROS IGUALES

EJERCICIO I

10 + 5 = 15	12 + 7 = 19	16 + 3 = 19	8 + 8 = 16	7 + 7 = 14
10 + 8 = 18	11 + 5 = 16	17 + 2 = 19	9 + 9 = 18	13 + 6 = 19
10 + 10 = 20	13 + 6 = 19	11 + 6 = 17	9 + 8 = 17	11 + 8 = 19
15 + 4 = 19	11 + 9 = 20	15 + 5 = 20	8 + 7 = 15	12 + 7 = 19
14 + 4 = 18	14 + 5 = 19	14 + 4 = 18	14 + 6 = 20	14 + 5 = 19
14 + 6 = 20	15 + 2 = 17	17 + 3 = 20	6 + 6 = 12	10 + 10 = 20

EJERCICIO II

- ¿Cuál número hay que sumar a 19 para que sea igual a 20? **R.:** 1.
- ¿Cuál número hay que sumar a 18 para que sea igual a 20? **R.:** 2.
- ¿Cuál número hay que sumar a 10 para que sea igual a 20? **R.:** 10.
- ¿Cuál número hay que sumar a 15 para que sea igual a 20? **R.:** 5.
- ¿Cuál número hay que sumar a 16 para que sea igual a 20? **R.:** 4.
- ¿Cuál número hay que sumar a 12 para que sea igual a 20? **R.:** 8.
- ¿Cuál número hay que sumar a 11 para que sea igual a 20? **R.:** 9.
- ¿Cuál número hay que sumar a 9 para que sea igual a 20? **R.:** 11.
- ¿Cuál número hay que sumar a 8 para que sea igual a 20? **R.:** 12.
- ¿Cuál número hay que sumar a 14 para que sea igual a 20? **R.:** 6.

- ¿Cuál número hay que sumar a 1 para que sea igual a 20? **R.:** 19.
- ¿Cuál número hay que sumar a 3 para que sea igual a 20? **R.:** 17.
- ¿Cuál número hay que sumar a 17 para que sea igual a 20? **R.:** 3.
- ¿Cuál número hay que sumar a 13 para que sea igual a 20? **R.:** 7.
- ¿Cuál número hay que sumar a 6 para que sea igual a 16? **R.:** 10.
- ¿Cuál número hay que sumar a 0 para que sea igual a 20? **R.:** 20.
- ¿Cuál número hay que sumar a para que sea igual a 19? **R.:** 2.
- ¿Cuál número hay que sumar a 13 para que sea igual a 16? **R.:** 3.
- ¿Cuál número hay que sumar a 16 para que sea igual a 19? **R.:** 3.
- ¿Cuál número hay que sumar a 12 para que sea igual a 19? **R.:** 7.
- ¿Cuál número hay que sumar a 14 para que sea igual a 19? **R.:** 5.

EJERCICIO III

12 - 7 + 2 = 7	13 - 5 + 4 = 12	14 - 5 + 6 = 15	15 - 4 + 6 = 17
16 - 7 + 5 = 14	17 - 7 + 3 = 13	20 - 6 + 9 = 23	10 - 6 + 7 = 11
11 - 5 + 5 = 11	13 - 3 + 8 = 18	15 - 6 + 5 = 14	15 - 6 + 3 = 12
16 - 6 + 4 = 14	13 - 8 + 2 = 7	13 - 3 + 7 = 17	12 - 5 + 4 = 11
14 - 6 + 5 = 13	15 - 5 + 4 = 14	16 - 3 + 6 = 19	14 - 2 + 3 = 15
15 - 5 + 2 = 12	16 - 8 + 3 = 11	17 - 9 - 1 = 7	18 - 8 + 4 = 14
19 - 6 + 2 = 15	11 - 7 + 4 = 8	13 - 8 - 2 = 3	14 - 7 + 3 = 10
13 - 9 + 4 = 8	16 - 4 + 5 = 17	15 - 5 + 3 = 13	15 - 8 + 4 = 11
14 - 5 + 1 = 10	12 - 5 + 1 = 8	19 - 7 + 3 = 15	12 - 6 + 2 = 8

EXERCISE IV

6 + 6 = 12	9 + 9 = 18	6 + 6 + 6 = 18
7 + 7 = 14	10 + 10 = 20	4 + 4 + 4 + 4 = 16
8 + 8 = 16	5 + 5 + 5 = 15	5 + 5 + 5 + 5 = 20

Aprende un truco:

Al sumar 3 o más números, a veces es más fácil reorganizarlos. Por ejemplo: digamos que tenemos que resolver 9 + 7 + 1. Por supuesto, 9 + 7 = 16; luego 16 + 1 = 17. Correcto. Una manera más simple podría ser hacer primero 9 + 1 = 10, y luego 10 + 7 a 17.

Ahora pruébalo.

- 5 + 8 + 2 = ?   Piensas (8 + 2) + 5 = 15
- 5 + 8 + 5 = ?   Piensas (5 + 5) + 8 = 18
- 2 + 9 + 8 = ?   *R.:* 19
- 4 + 9 + 6 = ?   *R.:* 19
- 9 + 9 + 1 = ?   *R.:* 19
- 8 + 9 + 2 = ?   *R.:* 19
- 1 + 5 + 4 + 5 = ?   *R.:* 15
- 7 + 7 + 3 = ?   *R.:* 17

PROBLEMAS DE PALABRAS

1. Sara invitó a 14 amigos a su fiesta, pero 5 personas más de las que ella invitó aparecieron. ¿Cuántos amigos vinieron a la fiesta? *R.:* 19 amigos.

2. Un reloj roto sonó 12 veces y luego 5 veces más. ¿Cuántas veces sonó el reloj? *R.:* 17 veces.

3. Erica hizo 5 problemas matemáticos; luego 5 más, y después otros 5 problemas. ¿Cuántos problemas matemáticos hizo en total? *R.:* 15 problemas.

4. Llovió durante 14 días y luego por otros 6 días más después de eso. ¿Cuántos días llovió por completo? *R.:* 20 días.

5. Hay 9 libros en un estante y 8 libros en el otro. ¿Cuántos libros hay en ambos estantes? *R.:* 17 libros.

6. Un gato atrapó 15 ratones ayer y 5 ratones hoy. ¿Cuántos ratones atrapó? *R.:* 20 ratones.

7. El mecánico arregló 8 autos hoy y 8 autos ayer. ¿Cuántos autos arregló en los últimos 2 días? *R.:* 16 autos.

8. Louis hizo dos ramos: 12 rosas en una y 6 rosas en la otra. ¿Cuántas rosas usó? *R.:* 18 rosas.

9. El dentista perforó 13 dientes antes del almuerzo y 5 más después del almuerzo. ¿Cuántos dientes perforó? *R.:* 18 dientes, ¡ay!

10. Ernest tiene 14 años. ¿Cuántos años tendrá en 3 años? ***R.:*** 17 años.

a) ¿En 4 años? ***R.:*** 18 años.

b) ¿En 5 años? ***R.:*** 19 años.

c) ¿En 6 años? ***R.:*** 20 años.

11. Randy grabó 8 canciones para su padre, 6 canciones para su madre y 4 canciones para él. ¿Cuántas canciones grabó? ***R.:*** 18 canciones.

12. Después de una tormenta de nieve, el Sr. Miller limpió su entrada y 18 entradas para sus vecinos. ¿Cuántas entradas limpió en total? ***R.:*** 19 entradas.

13. Ali lavó 4 camisas, 5 pantalones cortos y 9 calcetines. ¿Cuántas prendas lavó? ***R.:*** 18 prendas.

14. Hoy es 15 de marzo. El cumpleaños de Paulina es en 4 días. ¿Cuándo es su cumpleaños? ***R.:*** 19 de marzo.

15. Hoy es 13 de junio. El concierto es en una semana. ¿Cuándo es el concierto? ***R.:*** 20 de junio.

16. La semana pasada tuvo 7 días y esta semana también tiene 7 días. ¿Cuántos días son estas dos semanas? ***R.:*** 14. 2 semanas siempre tendrán 14 días.

17. Tengo $4. Necesito $12 más para comprar un libro. ¿Cuál es el precio del libro? ***R.:*** $16.

18. Jill tiene 9 muñecas y Katie tiene 8. ¿Cuántas muñecas tienen juntas? ***R.:*** 17 muñecas.

19. En la prueba, Nancy deletreó correctamente 8 palabras y falló 8. ¿Cuántas palabras había en la prueba? ***R.:*** 16 palabras.

20. Un sombrero de béisbol cuesta $6 y una mochila cuesta $13. ¿Cuánto cuestan ambos? ***R.:*** $19.

21. Limpiando el parque, Keith recogió 8 latas vacías y Kate recogió 12 latas. ¿Cuántas latas recogieron juntas? ***R.:*** 20 latas.

22. Una habitación tiene 10 ventanas y otra también tiene 10. ¿Cuántas ventanas hay en ambas habitaciones? ***R.:*** 20 ventanas.

23. Todos en mi clase tienen talento. Tenemos 4 bailarines, 8 cantantes, 3 poetas y 4 guitarristas. ¿Cuántos niños hay en mi clase?
    R.: 19 niños.

24. Nuestro equipo jugó 15 partidos. Necesitamos 5 más para terminar el torneo. ¿Cuántos partidos jugamos en total?
    R.: 20 partidos.

25. Había 9 huevos en un nido y 9 huevos en el otro. ¿Cuántos huevos hay en ambos nidos? **R.:** 18 huevos.

26. Corrí durante 11 minutos; luego descansé durante 5 minutos y luego corrí de nuevo durante 2 minutos. ¿Cuánto tiempo pasé corriendo y descansando?
    R.: 18 minutos (11 + 5 = 16; 16 + 2 = 18).

27. Hay 8 sillas en un lado de la habitación y 8 sillas en el otro. ¿Cuántas sillas hay en la habitación? **R.:** 16 sillas.

28. Hay 5 letras en mi nombre, 5 letras en mi segundo nombre y 5 letras en mi apellido. ¿Cuántas letras hay en mi nombre completo? **R.:** 15 letras.

29. Las chicas recogían caracoles en el jardín. Kim recogió 9 caracoles, Liz encontró 8 caracoles, y Mary no recogió ninguno. ¿Cuántos caracoles recogieron juntos? **R.:** 17 caracoles.

30. El juego fue un empate. Cada equipo anotó 7 puntos. ¿Cuántos puntos fueron anotados por ambos equipos? **R.:** 14 puntos.

31. Un viajero pasó 9 días en una ciudad y 9 días en la otra. ¿Cuántos días viajó? **R.:** 18 días.

32. Una acción cuesta $14 y aumentó $4. ¿Cuál es el precio de la acción ahora? **R.:** $18. Como ves, ni siquiera necesitas saber lo que es una acción para dar la respuesta correcta.

33. Mi perro tiene 4 patas, mi gato tiene 4 patas, mi conejo tiene 4 patas, y mi hámster tiene 4 patas. ¿Cuántas patas tienen todas mis mascotas en total? **R.:** 16 patas.

34. Cada una de mis manos tiene 4 dedos y 1 pulgar. Mis pies tienen 10 dedos de los pies en total. ¿Cuántos dedos, pulgares y dedos de los pies tengo? **R.:** 20 dedos, pulgares y dedos de los pies en total.

35. Una docena significa 12. El panadero vendió una docena de panecillos y luego 6 más. ¿Cuántos panecillos vendió el panadero? ***R.:*** 18 panecillos.

36. Hay 6 mariposas blancas, 6 amarillas y 6 marrones en el jardín. ¿Cuántas mariposas hay? ***R.:*** 18 mariposas.

37. Greg lleva 9 libras de manzanas en una mano y 9 libras de naranjas en la otra. ¿Cuánto peso lleva en ambas manos? ***R.:*** 18 libras. En este problema no estamos agregando manzanas y naranjas, solo su peso en libras.

38. Un mago sacó 8 conejos del bolsillo izquierdo y 8 del derecho. ¿Cuántos conejos sacó de sus bolsillos? ***R.:*** 16 conejos.

39. Fuimos al cine. Compramos 2 entradas para adultos y una entrada para niños. La entrada para adultos era de $8 y la entrada para niños era de solo $4. ¿Cuánto dinero gastamos en boletos? ***R.:*** $20.
Solución: Dos entradas para adultos fueron de $8 + $8 = $16, $16 + $4 (para la entrada de niño) = $20.

40. Mamá le dijo a Dennis 15 veces que no se burlase del perro y luego le dijo 3 veces más. ¿Cuántas veces le pidió mamá a Dennis que dejara de burlarse del perro? ***R.:*** 18 veces. Ahora Dennis está en un gran problema.

41. Al principio del juego de ajedrez Peter tenía 16 piezas. Perdió 8. ¿Cuántas piezas tiene ahora? ***R.:*** 8 piezas.

42. Si Horace tenía 12 peces dorados y compró 7 más, ¿cuántos peces tiene? ***R.:*** 19 peces.

43. Un joyero añadió 8 diamantes a un collar y luego 9 más para que realmente brillara. ¿Cuántos diamantes hay en el collar? ***R.:*** 17 diamantes.

44. Alex lavó 6 platos, 6 platillos y 6 tazas. ¿Cuántas piezas de porcelana lavó? ***R.:*** 18 piezas.

45. Ayer, la Sra. Martínez gastó $11 en el almuerzo, y hoy gastó $6. ¿Cuánto gastó por los dos almuerzos? ***R.:*** $17.

46. Después de que Ruth se convirtiera en artista, hizo 5 pinturas en el primer año, 6 en el segundo año y 7 en el tercer año. ¿Cuántas pinturas hizo Ruth? ***R.:*** 18 pinturas (5 + 6 = 11, 11 + 7 = 18).

47. Al principio, había 4 niños en el equipo de natación. Entonces, 5 más se unieron. Después de eso, 8 nuevos niños se unieron al equipo. ¿Cuántos niños hay en el equipo? *R.:* 17 niños.

48. Edith y Amy están saltando la cuerda. Edith salta 9 veces y Amy salta 6 veces. ¿Cuántas veces saltaron los dos? *R.:* 15 veces.

49. La tía Sylvia cortó una cuerda para hacer dos cuerdas de salto. Un trozo de cuerda es de 8 pies de largo, y el otro trozo es de 6 pies. ¿Cuánto medía la cuerda antes de que la tía Sylvia la cortara? *R.:* 14 pies de largo.

50. Peter y Will decidieron juntar su dinero para comprar un balón de fútbol. Peter tenía $14 y Will tenía $6. ¿Cuánto tienen los dos? *R.:* $20.

51. Los chicos se están preparando para una pelea de bolas de nieve. Un grupo de 6 chicos hizo 9 bolas y el grupo de 9 chicos hizo 8 bolas. ¿Cuántas bolas de nieve hicieron en total? *R.:* 17 bolas de nieve. Recuerda contar bolas de nieve, no los chicos que las hicieron.

52. El entrenador compró 9 camisetas y 9 pantalones cortos para el equipo. ¿Cuántas camisas y pantalones cortos compró? *R.:* 18 camisas y pantalones cortos.

53. Los niños están jugando a la tienda. El pequeño Richard tiene 7 conos de pino, 6 bellotas y 5 palos en su tienda. ¿Cuántos artículos hay en su tienda? *R.:* 18 artículos.

54. Se necesitaron dos piezas de alfombra para cubrir la habitación. La primera pieza medía 12 pies de largo y la otra pieza de 8 pies de largo. ¿Cuántos pies de alfombra se usaron? *R.:* 20 pies.

55. Un asistente presentó 11 tablas debajo de la letra A y 7 tablas bajo la letra B. ¿Cuántas tablas presentó? *R.:* 18 tablas.

56. Cuando la policía atrapó al ladrón, tenía 11 carteras robadas. En su casa, encontraron 8 más. ¿Cuántas carteras robó? *R.:* 19 carteras.

RESTA CON NÚMEROS DE HASTA 20

PROBLEM SOLVING

¿Cuánto es 18 - 9?
Solución: 9 es igual a 8 + 1
Podemos decir entonces que 18 - 9 es lo mismo que 18 - 8 y se suma 1. 18 - 8 = 10, 10 - 1 = 9
R.: 18 - 9 = 9

¿Cuánto es 20 - 7?
Solución: 20 es igual a 10 + 10
Podemos restar 7 del segundo 10 (o podemos hacerlo del primero) y 10 - 7 = 3 como nunca hicimos nada con los otros 10, podemos sumarlo de nuevo al 3.
3 + 10 = 13. **R.:** 20 - 7 = 13.

¿17 - 13?
Solución: 13 es igual a 10 + 3
Entonces podemos hacer primero 17 - 10 = 7, y luego 7 - 3 = 4. **R.:** 17 - 13 = 4.

Aprende un truco: resta 9 de un número: ¿16 - 9?
Vamos a fingir que en lugar de 9 restamos 10 de 16. A continuación, 16 - 10 = 6. ¡Fácil!
Pero nos llevamos 10 que es mayor que 9 por 1. Ahora tenemos que devolverlo. 6 + 1 = 7. 16 - 9 = 7. La regla: Cuando tomamos 9 lejos de un número, podría ser más fácil restar 10 primero y luego sumar 1.

EJERCICIO I

- Cuenta hacia atrás de 20 a 0 (es decir, 20, 19, 18.)
- Cuenta hacia atrás desde 20 a 0 omitiendo cada 2 (es decir, 20, 18, 16.)
- Cuenta hacia atrás desde 20 omitiendo cada 3 (es decir, 20, 17, 14, 11, 8, 5 y 2)
- Cuenta hacia atrás desde 20 omitiendo cada 4 (es decir, 20, 16, 12, 8, 4 y 0)
- Cuenta hacia atrás desde 20 omitiendo cada 5 (es decir, 20, 15, 10, 5 y 0)
- Cuenta hacia atrás desde 20 omitiendo cada 6 (es decir, 20, 14, 8 y 2)
- Cuenta hacia atrás desde 20 omitiendo cada 7 (es decir, 20, 13 y 6)
- Cuenta hacia atrás desde 20 omitiendo cada 8 (es decir, 20, 12 y 4)

EJERCICIO II

12 - 11 = 1	20 - 4 = 16	14 - 11 = 3	15 - 10 = 5	20 - 11 = 9
20 - 7 = 13	15 - 13 = 2	20 - 9 = 11	15 - 14 = 1	20 - 12 = 8
16 - 10 = 6	17 - 10 = 7	17 - 6 = 11	17 - 15 = 2	15 - 8 = 7
17 - 11 = 6	17 - 11 = 6	18 - 16 = 2	18 - 15 = 3	20 - 15 = 5
13 - 11 = 2	19 - 11 = 8	19 - 11 = 8	19 - 14 = 5	20 - 4 = 16

EXERCISE III

20 - 5 = 15	20 - 18 = 2	20 - 9 = 11	20 - 16 = 4	20 - 15 = 5
20 - 14 = 6	20 - 13 = 7	20 - 11 = 9	20 - 8 = 12	20 - 19 = 1
20 - 19 = 1	20 - 14 = 6	20 - 15 = 5	20 - 16 = 4	20 - 17 = 3
20 - 12 = 8	20 - 11 = 9	20 - 10 = 10	20 - 8 = 12	20 - 6 = 14
20 - 7 = 13	20 - 5 = 15	20 - 4 = 16	20 - 3 = 17	19 - 2 = 17
19 - 9 = 10	19 - 8 = 11	19 - 5 = 14	19 - 4 = 15	19 - 11 = 8
19 - 9 = 10	19 - 8 = 11	19 - 12 = 7	19 - 13 = 6	19 - 7 = 12
19 - 6 = 13	19 - 5 = 14	19 - 6 = 13	19 - 10 = 9	19 - 9 = 10

PROBLEMAS DE PALABRAS

1. Tim y yo juntos tenemos 20 entradas para el concierto. Tengo 10. ¿Cuántas tiene Tim? ***R.:*** 10 entradas.

2. Dos camiones juntos pueden llevar 20 cajas. Un camión puede llevar 12 cajas. ¿Cuánto puede llevar el otro camión? ***R.:*** 8 cajas.

3. La suma de dos números es igual a 20. Uno de los números es 11. ¿Cuál es el otro número? ***R.:*** 9.

4. La suma de dos números es igual a 20. Uno de los números es 7. ¿Cuál es el otro número? ***R.:*** 13.

5. La suma de dos números es igual a 20. Uno de los números es 5. ¿Cuál es el otro número? ***R.:*** 15.

6. La suma de dos números es igual a 20. Uno de los números es 4. ¿Cuál es el otro número? ***R.:*** 16.

7. La suma de dos números es igual a 20. Uno de los números es 3. ¿Cuál es el otro número? ***R.:*** 17.

8. La suma de dos números es igual a 20. Uno de los números es 16. ¿Cuál es el otro número? ***R.:*** 4.

9. La suma de dos números es igual a 20. Uno de los números es 18. ¿Cuál es el otro número? ***R.:*** 2.

10. Hay 14 días en 2 semanas. De estos 14 días, los niños van a la escuela durante 10 días. ¿Por cuántos días los niños no van a la escuela? ***R.:*** 4 días.

11. Harry puede caminar a la tienda en 17 minutos, pero cuando su madre quiere que se apresure, corre a la tienda en 5 minutos. ¿Cuántos minutos ahorra corriendo? ***R.:*** 12 minutos.

12. Sarah tenía $19 en su banco. Sacó $8 para el regalo de cumpleaños de su padre. ¿Cuánto dinero dejó en el banco? ***R.:*** $11.

13. Vic tiene 19 años. Su hermana solo tiene 9 años. ¿Por cuántos años Vic es mayor que su hermana? ***R.:*** 10 años.

14. Hay 19 estudiantes en mi clase. La gripe mantuvo a 10 estudiantes en casa. ¿Cuántos estudiantes vinieron a la escuela? ***R.:*** 9 estudiantes.

15. Había 17 pájaros de plumas que volaban juntos. Luego, solo había 6. ¿Cuántos decidieron separarse? ***R.:*** 11 pájaros.

16. Juanita compró 17 invitaciones y envió 8 de inmediato. ¿Cuántas invitaciones quedan por enviar? **R.:** 9 invitaciones.

17. Ahorré $17 y luego gasté $11 en un libro. ¿Cuánto dinero queda? **R.:** $6.

18. Frank mantiene una acera de 18 pies de largo limpia. Después de haber barrido 12 pies de ella, ¿cuántos pies quedan por barrer? **R.:** 6 pies.

19. Para la fiesta, Kevin horneó 17 pizzas pequeñas. Después de la fiesta, quedaban 5 pizzas. ¿Cuántas pizzas se comieron? **R.:** 12 pizzas.

20. Había 19 huevos en el refrigerador. El chef tomó 12 huevos para hacer un pastel gigante. ¿Cuántos huevos quedaron? **R.:** 7 huevos.

21. Un juguete Lego tiene 20 partes. 15 partes son rojas y el resto son de color amarillo. ¿Cuántas partes amarillas tiene el juguete? **R.:** 5 partes.

22. Tracy y yo tuvimos que alimentar a 18 conejos. Tracy alimentó 9 y yo alimenté al resto. ¿Cuántos conejos alimenté? **R.:** 9 conejos.

23. Nora fue a comprar verduras. Tomó $20 y trajo de vuelta $6 cambio. ¿Cuánto costaron las verduras? **R.:** $14.

24. La pequeña Bo Peep perdió 19 ovejas. Luego, 12 ovejas volvieron a casa moviendo sus colas detrás de ella. ¿Cuántos no han vuelto a casa? **R.:** 7 ovejas. No te preocupes, volvieron a casa más tarde.

25. El tío Sid tiene 18 arbustos, y podaron 11. ¿Cuántos más tiene que podar? **R.:** 7 arbustos.

26. La pausa para el almuerzo dura 19 minutos. Jugamos al dodgeball durante 13 minutos. ¿Cuántos minutos quedan para almorzar? **R.:** 6 minutos.

27. El tío Sid me pidió que moviera 16 macetas al lado soleado del jardín. Moví 8. ¿Cuántas más tengo que mover? **R.:** 8 macetas.

28. Hay 18 hoyos en el campo de golf. Después del hoyo 9, ¿cuántos más quedan por jugar? **R.:** 9 hoyos.

29. La cometa de Harrison voló hasta 17 pies y luego bajó a 6 pies. ¿Qué tan alta vuela su cometa ahora? **R.:** 11 pies.

30. Toma las 18 fotos de la pared, dijo mi profesor. Tomé 9. ¿Cuántas más siguen colgadas en la pared? **R.:** 9 fotos.

31. Hay 20 niños en la clase de Angie. 12 son chicos. ¿Cuántas chicas hay en su clase? ***R.:*** 8 chicas.

a) Ayer, 14 chicos acudieron a la clase. ¿Cuántos no vinieron? ***R.:*** 6 chicos.

b) Hoy 13 chicos llegaron tarde. ¿Cuántos llegaron a tiempo? ***R.:*** 7 chicos.

32. De los 19 días de mayo, llovió durante 10. ¿Cuántos días estuvieron secos? ***R.:*** 9 días.

33. Rea tiene 19 rocas para su jardín de rocas. Puso 7 rocas a la derecha y 2 en el medio. ¿Cuántas rocas hay en el lado izquierdo de su jardín? ***R.:*** 10 rocas.

Soluciónes: 19 rocas - 7 rocas (a la derecha) =12; 12 rocas - 2 rocas (en el centro) = 10 rocas (a la izquierda).
Hay otra manera de resolver este problema: Primero podemos añadir las rocas a la derecha y en el medio juntos, porque no están a la izquierda. 7 rocas a la derecha + 2 rocas en el medio = 9 rocas. Entonces podemos restar 9 rocas del número total de rocas. 19 rocas - 9 rocas que no están a la izquierda = 10 rocas.

34. Hay 16 peces dorados en el estanque de Yoshi. Sacó 8 peces dorados para el segundo estanque. ¿Cuántos peces quedan en el primer estanque? ***R.:*** 8 peces dorados.

35. De 20 metros de alfombra, Keiko cortó 9. ¿Cuántos metros quedan? ***R.:*** 11 metros.

36. De 20 huevos de avestruz, 7 se rompieron. ¿Cuántos no lo hizo? ***R.:*** 13 huevos.

37. De las 20 abejas de una colmena, 6 están buscando flores. ¿Cuántas se quedaron en la colmena? ***R.:*** 14 abejas.

38. El pez mide 20 pulgadas de largo. La cola es de 4 pulgadas y la cabeza es de 5 pulgadas.¿Cuánto mide el cuerpo del pez? ***R.:*** 11 pulgadas.

Solución: 20 pulgadas (todo el pescado, cabeza + cuerpo + cola) 4 pulgadas (cola) = 16 pulgadas. Luego, 16 pulgadas + 5 pulgadas (cabeza) = 11 pulgadas (cuerpo de pez).

39. Walter tarda 17 minutos en limpiar su habitación. Se tarda 6 minutos en recoger su ropa, 4 minutos para poner sus libros en el estante, y el resto lo pasa haciendo su cama. ¿Cuánto tarda Walter en hacer la cama? **R.:** 7 minutos.

40. Hay 18 páginas en la historia. Hoy leí 11 páginas y 3 páginas. ¿Cuántas páginas dejé para mañana? **R.:** 4 páginas.

41. Tom puso 20 cubiertos en el lavavajillas. Había 8 tenedores y 8 cucharas, el resto eran cuchillos. ¿Cuántos cuchillos puso? **R.:** 4 cuchillos.
    Solución: Hay 8 tenedores y 8 cucharas. Juntos hay 8 + 8 = 16 cubiertos que no son cuchillos. Hay 20 cubiertos, 16 no son cuchillos. Entonces, 20 cubiertos - 16 (no cuchillos) = 4 cuchillos.

42. Había 18 duraznos en el árbol. Primero, 5 duraznos cayeron, y luego 5 más cayeron. ¿Cuántos siguen en el árbol? **R.:** 8 duraznos.

43. La tienda vendió 7 lápices y luego 7 lápices más. ¿Cuántos lápices más necesitan vender para que sean 14? **R.:** 0, porque ya vendió los 14 lápices.

44. Una cesta tenía 12 tomates y 5 pepinos. Fiona recogió 7 vegetales. ¿Cuántas dejó en la canasta? **R.:** 10 vegetales.
    Solución: 12 vegetales (tomates) + 5 vegetales (pepinos) = 17 vegetales en la cesta. Luego, quedan 17 vegetales - 7 vegetales = 10 vegetales.

45. Si hay 17 para ser vendidas, y Yolanda vendió 13 y luego 4 más. ¿Cuántas entradas aún están disponibles? **R.:** 0, ella las vendió a todas.

46. Pamela puso 9 vasos de limonada en una jarra y 7 en otra. Ha vendido 4 vasos de cada jarra. ¿Cuántos vasos quedan? **R.:** 8 vasos.
    Solución: de la primera jarra quedan: 9 - 4 = 5 vasos; de la segunda: 7 - 4 = 3 vasos. Luego, 5 vasos (en la primera jarra) + 3 vasos (en la segunda) = 8 vasos (en ambas jarras).

47. Había 8 hojas de papel blanco y 8 hojas de papel amarillo. La tienda vendió 6 hojas de cada color. ¿Cuántas hojas de papel quedan? **R.:** 4 hojas. (2 blancos y 2 amarillos).

48. Tom tenía 8 cajas grandes y 12 cajas pequeñas. Usó 10 cajas. ¿Cuántas cajas quedan? **R.:** 10 cajas.

49. Una compañía aérea tiene 18 aviones. 5 son aviones de pasajeros y el resto son de carga. ¿Cuántos aviones de carga tienen?
R.: 13 aviones.

50. Una empresa tenía un pedido de 20 tractores. Entregaron 17. ¿Cuántos más quedan por entregar? **R.:** 3 tractores.

51. El castillo del Montura del Rey tiene 20 habitaciones. El rey y la reina aspiraron 14. ¿Cuántas habitaciones quedan por aspirar?
R.: 6 habitaciones.

52. De 20 chistes que el bufón le dijo, al rey no le interesaron 13. ¿Cuántos chistes le gustaron al rey? **R.:** 7 chistes.

53. Hay 20 gatos en el castillo del rey. Si 14 gatos capturaron ratones, ¿cuántos no lo hicieron? **R.:** 6 gatos.

54. Hay 20 guardias en el castillo. Si 12 guardias están de servicio, ¿cuántos tienen el día libre? **R.:** 8 guardias.

55. arquero disparó 20 flechas y dio en el blanco 18 veces. ¿Cuántas veces no dio en el blanco? **R.:** 2 veces.

56. Un tren tiene 20 compartimentos con 7 de ellos para el equipaje. ¿Cuántos son para pasajeros? **R.:** 13 compartimentos.

57. Michael tenía 8 cajas grandes y 8 cajas pequeñas. Usó 4 cajas. ¿Cuántas cajas quedan? **R.:** 12 cajas.

58. Una compañía tractora tiene 18 tractores, 5 son verdes y el resto son amarillos. ¿Cuántos tractores amarillos tienen?
R.: 13 tractores.

59. Una empresa tenía un pedido de 13 tractores, entregaron 7. ¿Cuántos más quedan por entregar? **R.:** 6 tractores.

60. El motel cuenta con 20 habitaciones de las cuales la camarera limpió 14. ¿Cuántas habitaciones quedan por limpiar?
R.: 6 habitaciones.

18

EL SIGNIFICADO DE DOBLE Y MITAD

Nota para los padres: La mitad podría ser un concepto difícil para los niños pequeños. Si ese es el caso, omite el Ejercicio I, la explicación y los problemas del 11 al 22.

DOUBLE

Duplicar un número significa sumar ese número a sí mismo. Si te pido que dupliques 2, eso significa 2 + 2 = 4. Si duplicas 3, significa 3 + 3 = 6. Si duplicas 5 sería 10, porque 5 + 5 es igual a 10.

4 + 4 = 8   6 + 6 = 12   5 + 5 = 10

7 + 7 = 14   8 + 8 = 16   9 + 9 = 18

¿Cuánto es el doble de 1? **R.:** 2.

¿Cuánto es el doble de 2? **R.:** 4.

¿Cuánto es el doble de 0? **R.:** 0, porque si sumas nada a nada, será igual a nada.

MITAD

Obtenemos la mitad cuando dividimos un número en dos partes iguales. El número 2 está hecho de 2 partes iguales, 1 y 1. Eso significa que 1 es la mitad de 2. El número 10 está hecho de 2 números iguales, 5 y 5. Eso significa que la mitad de 10 es 5. El número 4 está hecho de 2 números iguales, 2 y 2. Eso significa que la mitad de 4 es 2.

EJERCICIO I

- ¿Cuál es la mitad de 6? **R.:** 3.
- ¿Cuál es la mitad de 8? **R.:** 4.
- ¿Cuál es la mitad de 12? **R.:** 6.
- ¿Cuál es la mitad de 6? **R.:** 3.
- ¿Cuál es la mitad de 20? **R.:** 10.
- ¿Cuál es la mitad de 0? **R.:** 0, porque la mitad de nada sigue siendo nada.

Nota: no todos los números pueden tener mitades. Los números que lo hacen se llaman números pares. Estos números son 2, 4, 6, 8, 10, 12, y muchos otros. Si un número no se divide uniformemente en dos mitades, lo llamamos un número impar.

Cuando tratamos de encontrar la mitad de un número impar terminamos con una parte más grande que la otra. Trata de encontrar la mitad de 3. No funcionaría, porque los 2 números que hacen 3, o sea 2 y 1, no son iguales. Más adelante, aprenderemos cómo encontrar la mitad de los números impares (desiguales), pero por ahora vamos a usar solo números pares para obtener mitades.

PROBLEMAS DE PALABRAS

1. Tina tiene 6 lápices. Le di más lápices. Ahora tiene el doble de lo que tenía antes. ¿Cuántos lápices le di? **R.:** 6 lápices.

2. Ernie puede hacer 4 flexiones. "Puedo hacer el doble", dijo Bart. ¿Cuántas puede hacer? **R.:** 8 flexiones. *¿Cuántas flexiones puedes hacer?*

3. Tengo 5 dedos en un pie. En ambos pies, tengo doble. ¿Cuántos dedos tengo? **R.:** 10 dedos.

4. Nick corre una milla en 6 minutos. Para Jim, esta vez se necesita el doble. ¿Cuánto tiempo tarda Jim en correr un kilómetro? **R.:** 12 minutos.

5. Fran lleva 7 libras. Nani puede llevar el doble. ¿Cuánto puede llevar Nani? **R.:** 14 libras.

6. Vera alimentó 4 cachorros. Mira alimentó el doble de ese número. ¿Cuántos cachorros alimentó Mira? **R.:** 8 cachorros.

7. Tengo 8 años. Duplicaré mi edad en 8 años. ¿Cuántos años tendré entonces? ***R.:*** 16 años.

8. Hannah tenía $10 y duplicó su dinero trabajando como niñera. ¿Cuánto tiene ahora? ***R.:*** $20.

9. Vince tenía 6 chicles. Luego los duplicó. ¿Cuántos chiles tiene? ***R.:*** 12 chicles.

10. ¿Cuál es la mitad de 10? ***R.:*** 5.

11. Dolores tarda 8 horas en limpiar el patio de la escuela. Si Scott la ayuda, pueden terminar en la mitad del tiempo. ¿Cuánto tardarían los dos en hacer la limpieza? ***R.:*** 4 horas.

12. Vi a mi primo sosteniendo 8 caramelos. Si le pidiera la mitad de sus caramelos, ¿cuántos caramelos tendría? ***R.:*** 4 caramelos.

13. Si de 12 juguetes en la mitad de la caja son autos, ¿cuántos autos de juguete hay en la caja? ***R.:*** 6 autos.

14. Si de cada 10 niños en la mitad de la clase hay niñas, ¿cuántas niñas hay en la clase? ***R.:*** 5 niñas.

15. Olga encendió 6 velas de cumpleaños y explotó la mitad. ¿Cuántos siguen encendidas? ***R.:*** 3 velas.

16. Si un gato tiene 9 vidas, ¿cuántas vidas tienen dos gatos en total? ***R.:*** 18 vidas.

17. Chris tiene 12 zapatos. La mitad son para el pie izquierdo. ¿Cuántos son para el derecho? ***R.:*** 6 zapatos.

18. ¿La mitad de 2 más la mitad de 4 es igual a qué? ***R.:*** 3.
    Solución: la mitad de 2 es 1 y la mitad de 4 es 2. Luego, 1 + 2 = 3.

19. ¿La mitad de 4 más la mitad de 10 es igual a qué? ***R.:*** 7.
    Solución: la mitad de 4 es 2 y la mitad de 10 es 5.
    Luego, 2 + 5 = 7.

20. ¿La mitad de 10 más la mitad de 10 es igual a qué? ***R.:*** 10.
    Solución: la mitad de 10 es 5. Luego, 5 + 5 = 10.

21. ¿La mitad de 8 menos la mitad de 8 es igual a qué? ***R.:*** 0.
    Solución: la mitad de 8 es igual a 4. Luego, 4 - 4 = 0.

22. ¿La mitad de 8 menos la mitad de 4 es igual a qué? ***R.:*** 2.
    Solución: la mitad de 8 es 4 y la mitad de 4 es 2. Luego, 4 - 2 = 2.

SUMA Y RESTA CON NÚMEROS DE HASTA 20

EJERCICIO I

12 - 6 = 6	13 + 2 = 15	12 - 5 = 7	13 + 6 = 19	14 - 5 = 9
15 - 4 = 11	12 - 3 = 9	15 + 2 = 17	13 + 5 = 18	13 - 5 = 8
15 + 3 = 18	13 - 3 = 10	15 + 3 = 18	13 - 6 = 7	10 - 5 = 5
14 - 7 = 7	13 - 4 = 9	13 + 5 = 18	17 - 6 = 11	11 - 3 = 8

EJERCICIO II

12 - 6 + 2 = 8	13 - 4 + 4 = 13	14 - 3 + 6 = 17	15 - 4 + 6 = 17
16 - 5 + 5 = 16	17 - 8 + 3 = 12	20 - 7 + 9 = 22	11 - 6 + 5 = 10
13 - 7 + 8 = 14	15 - 2 + 5 = 18	15 - 3 + 3 = 15	16 - 9 + 6 = 13
14 - 8 + 3 = 9	15 - 7 + 2 = 1	14 - 8 + 2 = 8	11 - 9 + 1 = 3
10 - 5 + 6 = 11	19 - 5 + 2 = 16	11 - 6 + 4 = 9	13 - 4 + 2 = 11
14 - 4 + 3 = 13	16 - 7 + 5 = 14	15 - 4 + 3 = 14	15 - 7 + 4 = 12

PROBLEMAS DE PALABRAS

1. Hay 7 corredores en un equipo y 9 corredores en otro. ¿Cuántos corredores hay en ambos equipos? ***R.:*** 16 corredores.
   a) Si 8 corredores compitieron en la primera carrera, ¿cuántos corrieron en la segunda? ***R.:*** 8 corredores.

2. su cumpleaños, Michael recibió $19. Primero, gastó $7 y luego $7 más. ¿Cuánto tiene ahora? ***R.:*** $5.

3. Ali montó su bicicleta cuesta arriba durante 8 millas; luego cuesta abajo por 12 millas. ¿Cuántas millas amonte? **R.:** 20 millas.

4. Ahorré $12 y mi mamá me dio $5. ¿Cuánto dinero tengo ahora? **R.:** $17.
   a) Si gasté $13 en una tienda de música. ¿Cuánto dinero queda? **R.:** $4.

5. Rolando tenía 12 crayones y compró 7 más. ¿Cuántos crayones tiene? **R.:** 19 crayones.
   a) Rompió 6. ¿Cuántos crayones tiene ahora? **R.:** 13 crayones.

6. Timmy ganó 9 estrellas de buen comportamiento la semana pasada y 7 estrellas esta semana. Pero luego perdió 10 estrellas por pelear. ¿Cuántas estrellas tiene todavía?
   R.: 6 estrellas (9 + 7 = 16. A continuación, 16 - 10 = 6).

7. Un transportista de correo tenía 20 cartas. Entregó 14 cartas a la primera casa, 3 cartas a la segunda casa y 2 cartas a la última casa en la calle. ¿Cuántas cartas tiene todavía?
   R.: 1 carta, no te engañes con la última palabra.

8. Lucy tenía unos caramelos. Después de regalar 12 y comer 5, no le quedaba ninguno. ¿Con cuántos caramelos empezó?
   R.: 17 caramelos.

9. Cuando comenzó el año escolar, un maestro tenía algunos cuadernos. Usó 6, perdió 4 y aún le quedaban 10 al final. ¿Cuántos cuadernos tenía el maestro al principio? **R.:** 20 cuadernos.
   Solución: 6 cuadernos usados + 4 cuadernos perdidos = 10; 10 + 10 dejados en los cuadernos finales = 20 cuadernos.

10. Había 6 marcadores en la caja antes de que Tom pusiera 9 más. Pero cuando volvió a comprobarlo, solo había 11 marcadores en la caja. ¿Cuántos marcadores faltan? **R.:** 4 marcadores.
    Solución: Había 6 marcadores + 9 marcadores que Tom añadió a la caja = 15 marcadores. Entonces, faltan 15 marcadores (que estaban en la caja) - 11 (ahora están en la caja) = 4 marcadores.

11. Había 9 bailarines en el escenario y luego 9 más se unieron a ellos. ¿Cuántos bailarines hay en el escenario ahora?
    R.: 18 bailarines.

12. Había 18 colchonetas en la habitación. Olga trasladó 6 a un trastero y los niños tomaron otros 8. ¿Cuántas colchonetas quedaron? ***R.:*** 4 colchonetas (18 - 6 = 12; luego 12 - 8 = 4).

13. Después de que la familia tomó 9 piezas de madera del estante de leña, quedaron 11 piezas. ¿Cuántas piezas de madera había en el estante al principio? ***R.:*** 20 piezas de madera.

14. Xenia tenía 9 manzanas e Irma trajo 9 manzanas más para hacer un pastel. ¿Cuántas manzanas hay ahora? ***R.:*** 18 manzanas.
    a) Después de hornear, quedaron 7 manzanas. ¿Cuántas manzanas se usaron para el pastel? ***R.:*** 11 manzanas.

15. Colin compra comida. Gastó $6 en pan, $4 en leche y $5 en cereales. Le quedaban $5 después de todas las compras. ¿Con cuánto dinero tenía que empezar? ***R.:*** $20 (6 + 4 + 5 + 5 = 20).

16. Una tienda de mascotas recibió un pedido de 11 etiquetas de perro y 5 etiquetas de gato. Solo 14 etiquetas fueron recogidas por los clientes. ¿Cuántas etiquetas hay todavía en la tienda? ***R.:*** 2 etiquetas (11 + 5 = 16, 16 - 14 = 2).

17. Había 19 niños en mi antiguo equipo. Este año se fueron 7 jugadores y llegaron 5 nuevos jugadores. ¿Cuántos niños hay en mi equipo ahora? ***R.:*** 17 niños (19 - 7 = 12; 12 + 5 = 17).

18. El año pasado compramos 17 bates para el equipo. Durante la temporada de juego, se rompieron 8 bates, pero tenemos 10 nuevos bates. ¿Cuántos murciélagos tiene el equipo ahora? ***R.:*** 19 murciélagos.

19. Nuestro equipo jugó 9 partidos en casa y 7 partidos fuera de casa. Ganamos 11 partidos y perdimos 5. ¿Cuántos partidos empatamos? ***R.:*** 0 partidos o ninguno (9 + 7 = 16; y 11 + 5 = 16).

20. Huracán, el caniche, persiguió a 11 ardillas, 3 pájaros, 1 mapache y 4 gatos. ¿Cuántas criaturas persiguió en total? ***R.:*** 19 criaturas.

21. Había 14 personas en la tienda. Quedan ocho personas y entraron 11 nuevos clientes. ¿Cuántas personas hay en la tienda ahora? ***R.:*** 17 personas (14 - 8 = 6; luego 6 + 11 = 17).

22. Había 19 estudiantes en la habitación. Quedan diez estudiantes y llegaron 7. ¿Cuántos estudiantes hay en la habitación ahora? ***R.:*** 16 estudiantes.

23. Había 14 palomas en el parque. 6 palomas más llegaron y luego 8 palomas volaron. ¿Cuántas palomas hay en el parque ahora?
R.: 12 palomas (14 + 6 = 20; 20 - 8 = 12).

24. Había 16 gatos en un techo de lata. Quedan ocho gatos y 11 gatos nuevos. ¿Cuántos gatos hay en el techo de lata? **R.:** 19 gatos.

25. Había 11 surfistas en la playa. Cinco surfistas salieron del océano, pero entraron 7 surfistas. ¿Cuántos surfistas hay ahora en la playa? **R.:** 9 surfistas (11 + 5 = 16; 16 - 7 = 9).

26. Había 4 serpientes en el pozo de serpientes. Trece serpientes más se deslizaban y 9 serpientes se arrastraban. ¿Cuántas serpientes hay ahora en el pozo? **R.:** 8 serpientes.

27. Había 7 mariquitas en el arbusto. Luego 7 más llegaron y 10 volaron. ¿Cuántas mariquitas hay ahora en el arbusto?
R.: 4 mariquitas.

28. Tracy sacó 4 canicas de su bolsillo izquierdo y 4 canicas de su bolsillo derecho y las puso todas en la mesa. Nick sacó 4 canicas de su bolsillo izquierdo y 4 canicas de su bolsillo derecho y también las puso todas en la mesa. ¿Cuántas canicas hay sobre la mesa?
R.: 16 canicas.

29. Un equipo de fútbol ganó 12 partidos y perdió 5. ¿Cuántos partidos empató el equipo si jugó 20 partidos esta temporada?
R.: 3 partidos.
Solución: 12 partidos ganados + 5 partidos perdidos = 17 partidos. 20 partidos de temporada - 17 partidos (ganados y perdidos combinados) = 3 partidos en un empate.

30. La madre de Paloma tenía 6 huevos en una caja y el doble de esa cantidad en la otra. Usó 11 huevos para hacer una tortilla. ¿Cuántos quedan? **R.:** 7 huevos.
Solución: Un cartón tiene 6 huevos. El otro cartón tiene el doble de eso, o 12 huevos. Ambos envases tienen 6 + 12 = 18 huevos. A continuación, 18 huevos - 11 huevos para la tortilla 7 huevos.

31. Hannah fue a comprar un pastel. Ella sacó dos billetes de $10, pero el pastel cuesta solo $11. ¿Cuánto cambio traerá de vuelta?
R.: $9.

32. Si Hannah puso la mesa para 14 personas, pero solo 9 vinieron para la fiesta del té, ¿cuántos asientos vacíos había? ***R.:*** 5 asientos vacíos.

33. Harry está a 18 minutos a pie de la escuela. Pero cuando llega tarde, corre allí en 11 minutos. ¿Cuántos minutos ahorra corriendo? ***R.:*** 7 minutos.

34. La cola del poni mide 16 pulgadas de largo y la cola del burro de 9 pulgadas de largo. ¿Por cuánto más mide la cola del poni que la del burro? ***R.:*** 7 pulgadas.

35. Un pequeño restaurante tuvo que lavar 5 vasos después del almuerzo y 13 después de la cena. Después de lavar 9, ¿cuántos quedan por hacer? ***R.:*** 9 vasos (5 + 13 = 18, 18 - 9 = 9).

36. Hannah vertió 20 onzas de leche en un tazón que contiene 14 onzas. ¿Cuántas onzas de leche derramadas? ***R.:*** 6 onzas.

37. Siempre hay 16 sillas en la habitación. La familia solo utiliza 8 a la hora del desayuno. ¿Cuántas sillas están vacías en el desayuno? ***R.:*** 8 sillas.

38. ¿Cuántos lápices de colores tuvo Harry después de perder 12 del conjunto de 20 lápices que recibió para su cumpleaños?
R.: 8 lápices. Harry debe tener más cuidado.

39. Sarah invitó a 16 amigos a su fiesta, pero solo 14 vinieron. ¿Cuántos no vinieron? ***R.:*** 2 amigos.

40. Una sala de control de abrigos de teatro tenía 7 abrigos y 9 chaquetas. Después del espectáculo, todavía quedaban 4 chaquetas en la habitación. ¿Cuántos abrigos y chaquetas fueron recogidos? ***R.:*** 12 abrigos y chaquetas.

41. Para una fiesta, Sarah horneó 16 magdalenas. Se comieron 13. ¿Cuántas quedaron? ***R.:*** 3 magdalenas.

42. ¿Cuál es la diferencia entre la edad de Frank y la edad de Sarah si Frank tiene 8 años y Sarah tiene 16 años? ***R.:*** 8 años.

43. Dalia tiene $12 en el banco y $6 en su bolso. Sacó $9 por un regalo de cumpleaños para su madre. ¿Cuánto le queda? ***R.:*** $9.
Solución: $12 del banco + $6 de la bolsa $ 18. Luego, $18 - $9 para el regalo = $9.

44. Deber de Logan es limpiar 18 escritorios en el aula. Limpió 7 escritorios antes del descanso y 7 escritorios después del descanso. ¿Cuántos escritorios quedan por limpiar? **R.:** 4 escritorios.

Primera solución 1: Hay 18 escritorios y Logan limpió 7 antes de la pausa, 18 - 7 = 11 sucios. Después de la pausa Logan limpió otros 7 escritorios, 11 - 7 = 4. La respuesta es 4.

Segunda Solución: Logan limpió 7 escritorios antes del descanso y 7 después, 7 + 7 = 14. Hay 18 escritorios en clase y Logan borrado 14; 18 - 14 = 4.

45. Madre horneó 17 panqueques. Ella dio algunos a los niños y ahora quedan 8. ¿Cuántos fueron comidos? **R.:** 9 panqueques.

46. Pedimos 17 globos para la fiesta. Después de la fiesta quedaban 6 globos. ¿Cuántos estallaron? **R.:** 11 globos.

47. Había 7 conejos en un corral y 8 conejos en otro. ¿Cuántos conejos quedaron después de que compraran 2 conejos de cada corral? **R.:** 11 conejos.
Primera Solución: Había 7 conejos en un corral y compramos 2, 7 - 2 = 5. Había 8 conejos en otro corral y compramos 2, 8 - 2 = 6. Luego, 5 + 6 = 11
Segunda Solución: Había 7 conejos en un corral y 8 en otro, 7 + 8 = 15 en ambos corrales. Compramos 2 conejos de cada uno, 2 + 2 = 4. Luego 15 conejos en ambos corrales - 4 conejos = compramos 11.

48. Un juguete tiene 17 partes. Tres partes son grandes, 9 partes redondas y 5 partes son verdes. ¿Cuántas partes blancas hay? **R.:** es imposible saberlo. No podemos resolver este problema porque incluso si sabemos que hay 5 partes verdes no sabemos qué otros colores hay en el juguete. No podemos adivinar porque haría un problema nuevo y diferente. Simplemente decimos que no podemos resolver este problema con los hechos dados. En matemáticas es muy importante saber qué problemas podemos y no podemos resolver.

49. Víctor tarda 20 minutos en hacer su tarea. Hoy lo hizo 9 minutos más rápido. ¿Cuánto tiempo le tomó hacer su tarea hoy? **R.:** 11 minutos.

UN RETO

50. Cada mañana Nina tiene que hacer su cama. La semana pasada no lo hizo 3 días. Esta semana no lo hizo 2 días. ¿Cuántas veces hizo su cama durante las últimas 2 semanas? Recuerda, hay 7 días a la semana. **R.:** 9 días.

Solución: 7 días + 7 días = 14 días en 2 semanas; 2 días + 3 días 5 días que no hizo la cama. 14 días (dos semanas) - 5 días (que no hizo la cama en dos semanas) = 9 días (que sí hizo la cama).

MÁS SUMA Y RESTA CON NÚMEROS DE HASTA 20

SOLUCIONANDO PROBLEMAS

¿Cuánto es 17 - 12?
Primera Solución: Podemos decir que 12 es igual a 10 + 2. Entonces 17 - 12 sería lo mismo que 17 - 10; luego menos 2. 17 - 10 = 7; entonces, 7 - 2 = 5. **R.:** 17 - 12 = 5.

Segunda Solución: 17 es igual a 10 + 7, 12 es igual a 10 + 2. En otras palabras: De 10 y 7 tenemos que quitar 10 y 2, respectivamente. Restar 10 de 10 es fácil. Eso es igual a 0. Ahora tomamos 2 de 7, es decir, 7 - 2 = 5 y 0 + 5 = 5. **R.:** 5.

EXERCISE I

12 - 3 + 2 = 11	13 - 4 + 4 = 13	14 - 5 + 6 = 15	15 - 3 + 8 = 20
16 - 7 + 5 = 14	17 - 8 + 3 = 12	20 - 9 + 9 = 20	10 + 8 + 2 = 20
11 - 2 + 5 = 14	13 - 4 + 8 = 17	15 - 6 + 5 = 14	10 + 8 + 3 = 21
16 - 7 + 4 = 13	13 - 4 + 2 = 11	10 + 10 + 1 = 21	12 - 3 + 4 = 13
14 - 6 + 5 = 13	15 - 7 + 4 = 12	15 + 5 + 1 = 21	14 - 7 + 7 = 14
15 - 8 + 3 = 10	16 - 7 + 3 = 12	17 - 8 + 1 = 10	18 - 9 + 4 = 13
19 - 5 + 2 = 16	11 - 6 + 4 = 9	13 + 7 + 1 = 21	14 - 3 + 9 = 20

PROBLEMAS DE PALABRAS

1. Hay 12 tazas de té en la olla, y bebimos 11. ¿Cuántas tazas hay en la olla ahora? **R.:** 1 taza.

2. Había 16 pedazos de pastel, y en la fiesta se comieron 14. ¿Cuántos pedazos quedan? **R.:** 2 pedazos.

3. Una galería tenía 12 fotos. Más tarde, añadió 7 nuevas fotos. ¿Cuántas hay ahora? **R.:** 19 fotos. a) Entonces, restaron 10. ¿Cuántas son ahora? **R.:** 9 fotos. b) Luego, sumaron 6 más. ¿Cuántas hay ahora? **R.:** 15 fotos.

4. Un concesionario de autos recibió 20 camiones nuevos y vendió 12 en la primera semana. ¿Cuántos siguen ahí? **R.:** 8 autos.

5. En total, hay 20 monos y simios en un zoológico. De ellos, 18 son monos y el resto son simios. ¿Cuántos simios hay en el zoológico? **R.:** 2 simios.

6. 18 monos tienen plátanos. 11 monos compartieron sus plátanos con los simios. ¿Cuántos no compartieron? **R.:** 7 monos.
   Solución: 18 monos (con plátanos) - 11 monos (que compartieron) = 7 monos (que no compartieron).

7. Un cantante recibió 20 mensajes en total. Quince eran mensajes de voz y el resto eran correos electrónicos. ¿Cuántos mensajes de correo electrónico recibió el cantante? **R.:** 5 mensajes.

8. La cantante devolvió 18 de sus 20 mensajes. ¿Cuántos quedaron sin respuesta? **R.:** 2 mensajes.

9. 20 niños se fueron de excursión. 17 niños trajeron sus almuerzos de casa, y el resto tuvo que comprar sus almuerzos. ¿Cuántos niños compraron sus almuerzos? **R.:** 3 niños.

10. De los 17 almuerzos, 14 niños comieron sándwiches de pavo. ¿Cuántos no? **R.:** 3 niños.

11. Si tuviera 20 dardos y lanzara 14, ¿cuántos dardos tengo todavía? **R.:** 6 dardos.

12. De 20 palomas en su sombrero, un mago dejó 13 libres. ¿Cuántas todavía están en el sombrero? **R.:** 7 palomas.

13. De 13 palomas que salieron del sombrero, solo 11 regresaron al mago. ¿Cuántas palomas siguen volando? **R.:** 2 palomas.

14. Un tren de carga tiene 19 vagones. 12 autos están pintados de color marrón, y el resto son de color rojo. ¿Cuántos autos rojos hay? **R.:** 7 autos.

15. Un patinador de hielo intentó un salto 20 veces, pero cayó 16 veces. ¿Cuántas veces hizo el salto? **R.:** 4 veces.

16. El patinador de hielo ganó 18 medallas. Colgó 12 medallas en la pared y puso el resto en una caja. ¿Cuántas medallas hay en la caja de medallas? **R.:** 6 medallas.

17. Durante un juego, un árbitro llamó "pelota" 5 veces y "golpe" 13 veces. El entrenador dijo que solo 18 de sus llamadas eran justas. ¿Cuántas llamadas pensó el entrenador que eran injustas? **R.:** 0 llamadas o ninguna. No te engañes con la palabra "solo".

18. En la carretera, un motociclista pasó 6 camiones y 12 autos. ¿Cuántos vehículos pasó? **R.:** 18 vehículos.

19. El equipo rojo tenía 9 jugadores y el equipo azul 7. ¿Cuántos jugadores han jugado en total en el juego?
R.: 16 jugadores.
a) Al día siguiente, 8 jugadores abandonan el juego. ¿Cuántos jugadores se quedaron? **R.:** 8 jugadores.

20. Jim pagó $12 por un libro y $8 por el otro. ¿Cuánto pagó por ambos? **R.:** $20.
a) Si Jim luego vendió ambos libros por $14, ¿cuánto dinero perdió? **R.:** $6.

21. Su patio trasero, Andrew contó 15 arañas. De las 15 arañas, 13 eran arañas viudas negras. ¿Cuántas no lo eran? **R.:** 2 arañas. *La mordedura de una araña viuda negra puede ser venenosa, pero solo las hembras son peligrosas.*

22. Hay 4 bateristas y 15 trompetistas en la banda de la escuela. Solo 16 jugadores vinieron a practicar porque el resto tenía gripe. ¿Cuántos músicos se quedaron en casa?
R.: 3 músicos (4 + 15 = 19; luego 19 - 16 = 3).

23. En un edificio de 14 pisos, los primeros 5 pisos son oficinas y el resto son apartamentos. ¿Cuántos pisos de apartamentos hay en el edificio? **R.:** 9 pisos.

24. Había 8 patinadores y 7 ciclistas en el parque. ¿Cuántos niños había en el parque? ***R.:*** 15 niños.

a) Trece niños se fueron a casa a las 6 PM. ¿Cuántos se quedaron? ***R.:*** 2 niños.

25. Un artista hizo 6 óleos y 13 acuarelas. ¿Cuántas pinturas hizo en total? ***R.:*** 19 pinturas.

a) Si vendió 11 y regaló 1, ¿cuántas guardó? ***R.:*** 7 pinturas (19 - 11 = 8; luego 8 - 1 = 7).

26. Hubo 20 minutos antes de que comenzara la obra. Ingrid pasó 6 minutos vistiéndose y 6 minutos maquillándose. ¿Cuántos minutos le quedaban para caminar hasta el escenario? ***R.:*** 8 minutos.

Primera Solución: 20 minutos (antes de la obra) + 6 minutos (vestirse) = 14 minutos. Luego, 14 minutos - 6 minutos (en maquillaje) = 8 minutos (para caminar hasta el escenario).

Segunda Solución: 6 minutos (vestirse) + 6 minutos (en maquillaje) = 12 minutos (en ambos). Luego, 20 minutos (antes de la obra) - 12 minutos (para ambos, vestirse y componerse) = 8 minutos (caminando hasta el escenario).

27. Un arquitecto tuvo 19 días para diseñar una casa. Tardó 5 días en hacer un boceto y 12 días para dibujar un plan. ¿Cuántos días quedaron para terminar el trabajo? ***R.:*** 2 días.

Solución: 5 días para esbozar + 12 días para dibujar = 17 días para todo el trabajo. Luego, resta 19 - 17 = 2 días.

28. Un marinero ató 4 nudos y otro ató 16 nudos. ¿Cuántos nudos ataron los dos? ***R.:*** 20 nudos.

a) Si se deshicieron 6 nudos, ¿cuántos se mantuvieron atados? ***R.:*** 14 nudos.

29. La carretera es de 4 millas cuesta arriba y 13 millas cuesta abajo. ¿Cuánto dura el camino? ***R.:*** 17 millas.

a) Después de caminar 14 millas, ¿cuántas más quedan? ***R.:*** 3 millas.

30. Jack tiene 5 billetes de $1, un billete de $5 y un billete de $10. ¿Cuánto dinero tiene? ***R.:*** $20 (5 + 5 + 10 = 20).

31. Jordán compró un par de tijeras por $6 y una grapadora por $12. ¿Cuánto costaron ambos? *R.:* $18. a) ¿Cuánto cambio recibirá Jordán por $20? *R.:* $2.

32. En un ramo de 19 flores, hay 7 tulipanes y 7 narcisos. El resto son margaritas. ¿Cuántas son margaritas? *R.:* 5 margaritas.

33. Toma el número 6, suma otro 6 y luego suma otros 6. ¿Cuánto es? *R.:* 18.

34. Paolo cortó una cuerda de 18 metros en tres pedazos. El primer pedazo es de 6 metros y el segundo también es de 6 metros. ¿Cuánto mide el tercero? *R.:* 6 metros.
    Primera Solución: 18 metros (toda la cuerda) - 6 metros (el primer pedazo) = 12; 12 - 6 metros (el segundo pedazo) = 6 metros (la tercera pieza).
    Segunda Solución: 6 metros (el primer pedazo) + 6 metros (el segundo pedazo) = 12 metros (dos pedazos). Luego, 18 metros (toda la cuerda) - 12 (dos pedazos) = 6 metros (el tercer pedazo).

35. Nicky tenía una cuerda de 15 metros y la cortó en tres partes. La primera parte era de 5 metros y la segunda también fue de 5 metros. ¿Cuánto mide la tercera? *R.:* 5 metros.

36. Tatiana cortó su cuerda de 20 metros en tres pedazos. El primero fue de 7 metros; el segundo también 7 metros. ¿Cuánto mide el tercero? *R.:* 6 metros.

37. Una barbería tenía 17 clientes. Doce pidieron un corte de pelo y el resto pidió un afeitado. ¿Cuántos pidieron un afeitado? *R.:* 5 clientes.

38. De 18 frutas en un tazón, 6 son manzanas, 6 son peras y el resto son limones. ¿Cuántos limones hay en el tazón? *R.:* 6 limones.

39. De 15 vegetales en un plato, 5 son patatas, 5 son tomates y el resto son ñames. ¿Cuántos ñames hay en el plato? *R.:* 5 ñames.

40. De 12 bayas en un platillo, 4 son grosellas, 4 son arándanos y el resto son arándanos azules. ¿Cuántos arándanos azules hay? *R.:* 4 arándanos azules.

41. En lugar de terminar 18 problemas en una hora, un estudiante solo ha hecho 9. ¿Cuántos más quedan por hacer? *R.:* 9 problemas.

42. Hay 18 millas entre dos ciudades. Un viajero corrió 2 millas, caminó 8 millas y manejó un auto el resto del recorrido. ¿Cuántas millas manejó en el auto? **R.:** 8 millas.

43. Un explorador hambriento comió 4 platos de sopa, 4 trozos de pizza, 4 ensaladas y 4 postres. ¿Cuántos platos comió?
R.: 16 platos.

44. De 20 melones, una tienda vendió solo 14. ¿Cuántos no se vendieron? **R.:** 6 melones.

45. Dieciocho historias fueron escritas para un periódico de 16 páginas. Las primeras 4 páginas tenían 4 historias, las siguientes 4 páginas tenían 5 historias y las siguientes 3 páginas tenían 6 pisos. ¿Cuántas historias quedaron en las últimas 5 páginas?
R.: 3 pisos. Si te perdiste la respuesta la primera vez, por favor escucha el problema de nuevo y recuerda que estamos contando las historias, no las páginas.

46. De 16 cubitos de hielo, Fay usó 5 para limonada, 5 para té helado y 5 para jugo. ¿Cuántos cubitos de hielo quedaron? **R.:** 1 cubo de hielo.

47. Después de graduarse de la escuela de vuelo, 7 pilotos volaron hacia el norte, 7 volaron hacia el sur y el resto voló hacia el oeste. Si hubiera 18 graduados, ¿cuántos volaron hacia el oeste?
R.: 4 pilotos.

48. Un científico hizo 17 experimentos. De estos experimentos, 8 experimentos salieron bien y 8 salieron mal. ¿Cuántos experimentos no fueron buenos ni malos? **R.:** 1 experimento.

49. Tricia dibujó 19 cuadros para una exposición de arte, pero solo se aceptaron 11 cuadros. ¿Cuántos fueron rechazados?
R.: 8 cuadros.

50. Hay 20 nueces en un tazón: 16 son nueces y el resto son avellanas. ¿Cuántas avellanas hay en el tazón? **R.:** 4 avellanas.

51. Clark pidió 16 ventanas para la casa. Siete eran pequeñas ventanas y el resto eran grandes. ¿Cuántas ventanas grandes ordenó?
R.: 9 grandes ventanas.

52. Una biblioteca recibió 19 libros. Había 6 libros infantiles, 6 novelas y el resto eran de misterio. ¿Cuántos libros de misterio recibió la biblioteca? **R.:** 7 libros de misterio.

SUMA HASTA 25

SOLUCIONANDO PROBLEMAS

Problema: ¿17 + 5?

Solución: Podemos decir que 5 es igual a 3 + 2. Entonces, 17 + 5 sería lo mismo que 17 + 3 + 2. 17 + 3 = 20 y 20 + 2 = 22. ***R.:*** 17 + 5 = 22.

En este problema dividimos el número 5 en dos partes. Uno para hacer hasta el siguiente número que termina con un "0" y la otra parte para sumar después.

Problema: ¿8 + 15?

Solución: Sería más fácil separar 8 en dos partes: 5 y 3. Entonces 8 + 15 es igual a (5 + 3) + 15 o 5 + 15 + 3. Recuerda, el orden no importa. 5 + 15 = 20, 20 + 3 = 23. ***R.:*** 8 + 15 = 23

EXERCISE I

5 + 3 + 2 = 10	11 + 10 = 21	10 + 5 + 6 = 21	9 + 6 + 6 = 21
6 + 7 + 5 = 18	7 + 8 + 6 = 21	5 + 9 + 9 = 23	5 + 9 + 7 = 21
8 + 7 + 4 = 19	17 + 3 + 2 = 22	5 + 7 + 7 = 19	8 + 3 + 4 = 15
17 + 4 = 21	13 + 7 + 4 = 24	5 + 8 + 6 = 19	8 + 8 + 3 = 19
12 +10 = 22	6 + 4 + 7 = 17	10 + 14 = 24	2 + 5 + 6 = 13
6 + 6 + 8 = 20	6 + 7 + 7 = 20	12 + 8 + 3 = 23	7 + 7 + 3 = 17
7 + 7 + 7 = 21	2 + 9 + 9 = 20	12 + 7 + 3 = 22	8 + 4 + 4 = 16

EJERCICIO II

- ¿Cuál número sumado a 18 es igual a 20? **R.:** 2.
- ¿Cuál número sumado a 16 es igual a 20? **R.:** 4.
- ¿Cuál número sumado a 10 es igual a 20? **R.:** 10.
- ¿Cuál número sumado a 5 es igual a 20? **R.:** 15.
- ¿Cuál número sumado a 8 es igual a 20? **R.:** 12.
- ¿Cuál número sumado a 6 es igual a 20? **R.:** 14.
- ¿Cuál número sumado a 3 es igual a 20? **R.:** 17.
- ¿Cuál número sumado a 7 es igual a 20? **R.:** 13.
- ¿Cuál número sumado a 12 es igual a 20? **R.:** 8.
- ¿Cuál número sumado a 13 es igual a 20? **R.:** 7.
- ¿Cuál número sumado a 9 es igual a 20? **R.:** 11.
- ¿Cuál número sumado a 11 es igual a 20? **R.:** 9.
- ¿Cuál número sumado a 14 es igual a 20? **R.:** 6.
- ¿Cuál número sumado a 15 es igual a 20? **R.:** 5.
- ¿Cuál número sumado a 17 es igual a 20? **R.:** 3.
- ¿Cuál número sumado a 2 es igual a 20? **R.:** 18.

EJERCICIO III

19 + 4 = 23	19 + 5 = 24	18 + 5 = 23	18 + 6 = 24
17 + 5 = 22	16 + 6 = 22	15 + 6 = 21	14 + 7 = 21
13 + 6 = 19	17 + 7 = 24	11 + 9 = 20	10 + 10 = 20
14 + 10 = 24	15 + 10 = 25	19 + 5 = 24	19 + 6 = 25
20 + 4 = 24	16 + 7 = 23	20 + 4 = 24	23 + 2 = 25
24 + 1 = 25	17 + 8 = 25	13 + 8 = 21	15 + 5 = 20

PROBLEMAS DE PALABRAS

1. Había 19 cuadernos en el estante. Añadí 2 más. ¿Cuántos cuadernos hay en el estante ahora? **R.:** 21 cuadernos.

2. Hay 18 murciélagos en la cueva. Tres murciélagos más vinieron de visita. ¿Cuántos murciélagos hay ahora en la cueva? ***R.:*** 21 murciélagos.

3. Hay 18 hoyos en el campo de golf. Una ardilla cavó 4 más. ¿Cuántos hoyos hay ahora? ***R.:*** 22 hoyos.

4. Hoy es 19. Mi concierto es en 3 días. ¿Cuál es la fecha de mi concierto? ***R.:*** El 22.

5. Antes de que un rancho comprara 7 ponis más, ya tenía 15. ¿Cuántos ponis tiene el rancho ahora? ***R.:*** 22 ponis.

6. Hay 18 estudiantes en mi clase. El próximo año, habrá 4 más. ¿Cuántos habrá en mi clase entonces? ***R.:*** 22 estudiantes.

7. Jill pagó $19 por una falda y $4 por una camisa. ¿Cuánto gastó en ambos? ***R.:*** $23.

8. Había 17 galones de gasolina en el tanque. Tío Onofre ha añadido 5 más. ¿Cuántos galones hay en el tanque ahora? ***R.:*** 22 galones.

9. Liana recogió 17 bellotas y 4 champiñones. ¿Cuántos artículos recogió? ***R.:*** 21 artículos.

10. Fiona tiene 14 años. ¿Qué edad tendrá en 2 años? ***R.:*** 16 años.
    a) ¿En 4 años? ***R.:*** 18 años.
    b) ¿En 5 años? ***R.:*** 19 años.
    c) ¿En 6 años? ***R.:*** 20 años.
    d) ¿En 8 años? ***R.:*** 22 años.

11. Había 16 pingüinos en la isla. Cinco pingüinos bebés nacieron este mes. ¿Cuántos pingüinos hay ahora en la isla? ***R.:*** 21 pingüinos.

12. El maestro nos dio 4 problemas de matemáticas en clase y 17 para hacer en casa. ¿Cuántos problemas matemáticos tuvimos en total? ***R.:*** 21 problemas.

13. Joram le dio 6 nueces a su periquito y 16 nueces a su loro. ¿Cuántas nueces les dio a sus mascotas? ***R.:*** 22 nueces.

14. Gail memorizó 16 poemas el mes pasado y 5 más este mes. ¿Cuántos poemas memorizó? ***R.:*** 21 poemas.

15. Olaf puede cruzar el césped en 16 saltos y 7 volteretas. ¿Cuántos movimientos se necesita para que Olaf cruce?
R.: 23 movimientos.

16. Mamá escribió 18 cheques la semana pasada y 5 cheques esta semana. ¿Cuántos cheques escribió mamá en 2 semanas?
R.: 23 cheques.

17. Amy plantó 17 cerezos y 6 melocotones. ¿Cuántos árboles plantó en total? **R.:** 23 árboles.

18. Hay $16 en mi bolsillo izquierdo y $6 en mi bolsillo derecho. ¿Cuánto dinero tengo en total? **R.:** $22.

19. Después de que Aisha vendió 4 entradas para el concierto escolar, todavía quedaban 19 entradas. ¿Cuántas entradas tenía al principio? **R.:** 23 entradas.

20. Hay 14 CD en la caja y 8 en el estante. ¿Cuántos CD hay en total?
R.: 22 CD.

21. Un reloj roto sonó 12 veces y luego 9 veces más. ¿Cuántas veces sonó el reloj? **R.:** 21 veces.

22. Betsy dibujó 7 planetas y 15 estrellas. ¿Cuántos cuerpos celestiales dibujó? **R.:** 22 cuerpos celestiales.

23. Hay 19 pasajeros y 4 miembros de la tripulación en un avión. ¿Cuántas personas están en el avión? **R.:** 23 personas.

24. El zoológico de la ciudad tiene 12 cebras y 9 jirafas. ¿Cuántas cebras y jirafas hay en el zoológico? **R.:** 21 cebras y jirafas.

25. Una cafetería vendía 9 panecillos y 9 rosquillas. ¿Cuántos pasteles vendieron? **R.:** 18 pasteles.

26. El equipo tiene 9 esquiadores y 11 snowboards en la montaña. ¿Cuánta gente hay? **R.:** 20 personas.

27. Hay 12 motocicletas y 9 autos en el estacionamiento. ¿Cuántos vehículos hay? **R.:** 21 vehículos.

28. Un poeta tardó 13 días en escribir las palabras de una canción. Entonces, un compositor tardó 10 días en escribir la música. ¿Cuánto tiempo les tomó terminar la canción? **R.:** 23 días.

29. Estoy dentro de una oficina en un edificio alto. Hay 11 pisos por encima de mí y 9 pisos a continuación. ¿Cuántos pisos hay en el edificio? **R.:** 21 plantas.

Solución: Es complicado... 11 + 9 = 20 pisos, pero también está el piso donde estoy. Luego, 20 + 1 = 1.

30. Hay 14 millas hasta la parada de descanso en un recorrido de bicicleta y otras 9 hasta la meta. ¿Cuántas millas hay en el curso? ***R.:*** 23 millas.

31. El departamento de bomberos de la gran ciudad tiene 13 motores de bomberos y 8 camiones de bomberos (son diferentes). ¿Cuántos vehículos tienen? ***R.:*** 21 vehículos.

32. Estoy leyendo un libro de misterio. Antes de la escuela, leí 14 páginas, y después de la escuela, leí 9 más. ¿Cuántas páginas he leído? ***R.:*** 23 páginas.

33. Liz puso 15 manzanas en una canasta grande y 8 manzanas en una pequeña. ¿Cuántas manzanas hay en ambas canastas? ***R.:*** 23 manzanas.

34. Un periódico imprimió 7 artículos en una página y 16 artículos en la otra página. ¿Cuántos artículos hay en ambas páginas? ***R.:*** 23 artículos.

35. El mismo periódico imprimió 12 anuncios en la primera sección y 10 anuncios en la segunda sección. ¿Cuántos anuncios tienen ambas secciones? ***R.:*** 22 anuncios.

36. Una pinta tiene 16 onzas y una taza tiene 8 onzas. ¿Cuántas onzas hacen una pinta y una taza juntas? ***R.:*** 24 onzas.

37. Si Louis levanta 14 libras con su mano derecha y 8 libras con la izquierda, ¿cuántas libras levanta con ambas? ***R.:*** 22 libras.

38. Catorce estudiantes se unieron al Guitar Club y 9 estudiantes se unieron al Ski Club. ¿Cuántos socios hay en ambos clubes? ***R.:*** 23 miembros.

39. Un fabricante de juguetes hizo 6 tops y 16 silbatos. ¿Cuántos juguetes hizo? ***R.:*** 22 juguetes.

40. Una cigüeña hambrienta se comió 7 ranas y 14 lombrices de tierra. ¿Cuántas criaturas comió la cigüeña? ***R.:*** 21 criaturas.

41. La hija del granjero recogió 9 huevos de un gallinero y 15 del otro. ¿Cuántos huevos recogió? ***R.:*** 24 huevos.

42. Uno de mis libros mide 14 pulgadas y el otro 11. ¿Qué tan altos serán si pongo uno encima del otro? ***R.:*** 25 pulgadas.

43. Una granja tiene 11 hectáreas; otra granja tiene 10 hectáreas. ¿Cuántas hectáreas tienen juntas? ***R.:*** 21 hectáreas.

44. Kira, un pez dorado, sopló 13 burbujas. Mira, el pez guppy, sopló 9. ¿Cuántas burbujas soplaron ambas? ***R.:*** 22 burbujas.

45. El pequeño perrito en la ventana cuesta $19 y la comida para perros cuesta $5. ¿Cuánto cuestan juntos el perrito y la comida para perros? ***R.:*** $24.

46. Una caja de caramelos tenía 16 chocolates oscuros y 8 chocolates con leche. ¿Cuántos caramelos hay en la caja? ***R.:*** 24 caramelos.

47. La colección de Jenny tiene 8 muñecas con pelo castaño, 9 con pelo rubio y 1 muñeca sin pelo. ¿Cuántas muñecas tiene? ***R.:*** 18 muñecas.

48. Poner una foto en la pizarra requirió 13 alfileres amarillos y 8 rojos. ¿Cuántos alfileres requirió? ***R.:*** 21 alfileres.

49. El auto conducía 19 millas y luego 5 más. ¿Cuántas millas condujo? ***R.:*** 24 millas.

50. Un palacio tenía 17 habitaciones y añadió 8 habitaciones más tarde. ¿Cuántas habitaciones hay en el palacio ahora? ***R.:*** 25 habitaciones.

22

SUMA DE NÚMEROS IGUALES

EJERCICIO I

- Cuenta hacia adelante de 0 a 30 omitiendo cada 2 (es decir, 2, 4, 6, 8, etc.)
- Cuenta hacia adelante de 0 a 30 omitiendo cada 3 (es decir, 3, 6, 9, 12, etc.)
- Cuenta hacia adelante de 0 a 28 omitiendo cada 4 (es decir, 4, 8, 12, etc.)
- Cuenta hacia adelante de 0 a 30 omitiendo cada 5 (es decir, 5, 10, 15, etc.)
- Cuenta hacia adelante de 0 a 30 omitiendo cada 6 (es decir, 6, 12, 18, etc.)
- Cuenta hacia adelante de 0 a 28 omitiendo cada 7 (es decir, 7, 14, 21, 28, etc.)
- Cuenta hacia adelante de 0 a 24 omitiendo cada 8 (es decir, 8, 16, 24.)
- Cuenta hacia adelante de 0 a 27 omitiendo cada 9 (es decir, 9, 18 y 27.)
- Cuenta hacia adelante de 0 a 30 omitiendo cada 10 (es decir, 10, 20 y 30.)
- Cuenta hacia atrás de 30 a 0 omitiendo cada 2 (es decir, 30, 28, 26, 24, 22, etc.)

EJERCICIO II

9 + 9 = 18	8 + 8 = 16	13 + 13 = 26	11 + 11 = 22
2 + 2 = 4	9 + 9 = 18	8 + 8 + 8 = 24	12 + 12 = 24
3 + 3 = 6	10 + 10 = 20	9 + 9 = 18	9 + 9 + 9 = 27
4 + 4 = 8	11 + 11 = 22	7 + 7 = 14	14 + 14 = 28
5 + 5 = 10	12 + 12 = 24	6 + 6 = 12	13 + 13 = 26
6 + 6 = 12	7 + 7 + 7 = 21	5 + 5 +5 + 5 = 20	6 + 6 + 6 = 18
7 + 7 = 14	14 + 14 = 28	15 + 15 = 30	6 + 6 + 6 + 6 =24

EJERCICIO III

- Cuenta atrás de 30 a 0 omitiendo cada 3 (es decir, 30, 27, 24, 21, etc.)
- Cuenta atrás de 30 a 2 omitiendo cada 4 (es decir, 30, 26, 22, 18, etc.)
- Cuenta atrás de 30 a 0 omitiendo cada 5 (es decir, 30, 25, 20, 15, etc.)
- Cuenta atrás de 30 a 0 omitiendo cada 6 (es decir, 30, 24, 18, etc.)
- Cuenta atrás de 30 omitiendo cada 7 (es decir, 30, 23, 16, 9, 2.)
- Cuenta atrás de 30 omitiendo cada 8 (es decir, 30, 22, 14, etc.)
- Cuenta atrás de 29 omitiendo cada 8 (es decir, 29, 21, 13, 5.)
- Cuenta atrás de 30 omitiendo cada 9 (es decir, 30, 21, 12, 3.)
- Cuenta atrás de 30 omitiendo cada 10.

EJERCICIO IV

10 + 11 = 21	20 - 12 = 8	22 - 11 = 11	20 - 14 = 6	20 - 15 = 5
14 + 14 = 28	20 - 18 = 2	20 - 11 = 9	25 - 20 = 5	25 - 10 = 5
20 - 11 = 9	25 - 11 = 14	25 - 9 = 16	25 - 15 = 10	25 - 14 = 11
24 - 14 = 10	24 - 10 = 14	24 - 13 = 11	24 - 13 = 11	23 - 11 = 12
25 - 15 =10	23 - 13 = 10	23 - 12 = 11	21 - 10 = 11	27 - 17 = 10
20 - 13 = 7	25 - 16 = 9	20 - 15 = 5	15 - 8 = 7	16 - 8 = 8

EJERCICIO V

20 + 6 = 26	20 + 7 = 27	20 + 4 = 24	20 + 5 = 25	18 + 8 = 26
20 + 7 = 27	20 + 8 = 28	25 + 3 = 28	25 + 4 = 29	25 + 3 = 28
15 + 9 = 24	15 + 8 = 23	25 + 4 = 29	15 + 7 = 22	14 + 8 = 22
21 + 9 = 30	25 + 5 = 30	24 + 6 = 30	13 + 9 = 22	23 + 6 = 29
23 + 7 = 30	22 + 8 = 30	21 + 7 = 28	21 + 8 = 29	19 + 8 = 27
21 + 7 = 28	20 + 8 = 28	20 + 9 = 29	15 + 15 = 30	13 + 16 = 29

PROBLEMAS DE PALABRAS

1. Erin tiene 3 globos rojos, 3 globos verdes y 3 globos azules. ¿Cuántos globos tiene? ***R.:*** 9 globos.

2. Compré 4 lápices, 4 bolígrafos y 4 crayones. ¿Cuántas útiles de escritura tengo? ***R.:*** 12 útiles.

3. Jack, John y Josh tienen $5 cada uno. ¿Cuánto dinero tienen juntos? ***R.:*** $15.

4. Un rey envió 4 caballeros al oeste, 4 caballeros al norte, 4 caballeros al este y 4 caballeros al sur. ¿Cuántos caballeros envió? ***R.:*** 16 caballeros.

5. Hay 5 jugadores en cada equipo de baloncesto. ¿Cuántos jugadores hay en 2 equipos de baloncesto? ***R.:*** 10 jugadores.
   a) ¿En 3 equipos de baloncesto? ***R.:*** 15 jugadores.
   b) ¿En 4 equipos de baloncesto? ***R.:*** 20 jugadores.

6. Hay 6 jugadores en cada equipo de hockey. ¿Cuántos jugadores hay en 2 equipos de hockey? ***R.:*** 12 jugadores.
   a) ¿En 3 equipos de hockey? ***R.:*** 18 jugadores.
   b) ¿En 4 equipos de hockey? ***R.:*** 24 jugadores.

7. Hay 7 jugadores en un juego. ¿Cuántos jugadores hay en 2 juegos? ***R.:*** 14 jugadores.
   a) ¿En 3 juegos? ***R.:*** 21 jugadores.

8. Una araña tiene 8 patas. ¿Cuántas patas tienen 2 arañas en total? ***R.:*** 16 patas.
   a) ¿Y 3 arañas? ***R.:*** 24 patas.

9. Grace dio 11 pasos hacia adelante y 11 pasos hacia atrás. ¿Cuántos pasos dio en total? **R.:** 22 pasos.

10. Keith tiene 12 mariquitas en su mano derecha y 12 mariquitas a su izquierda. ¿Cuántas tiene en ambas manos? **R.:** 24 mariquitas.

11. Hay 10 asientos en la primera fila y 10 asientos en la segunda. ¿Cuántos asientos hay en ambas filas? **R.:** 20 asientos.

12. Hay 9 pollos en un gallinero y 9 en el otro. ¿Cuántos pollos hay en ambos gallineros? **R.:** 18 pollos.

13. Si un cubo tiene 6 lados, ¿cuántos lados tienen 2 cubos? **R.:** 12 lados.

14. Si se tarda 8 minutos en lavar una ventana, ¿cuánto tiempo se tarda en lavar dos? **R.:** 16 minutos.

15. Un collar cuesta $7. ¿Cuánto cuestan 2 collares? **R.:** $14.

16. Se tarda una hora en plantar 6 rosales. ¿Cuántos rosales podemos plantar en 2 horas? **R.:** 12 rosales.

17. Un corredor tardó 8 minutos en correr la primera milla y 8 minutos en correr la segunda milla. ¿Cuánto tiempo le tomó correr 2 millas? **R.:** 16 minutos
    a) Si sigue corriendo al mismo ritmo, ¿cuánto tiempo le llevará correr 3 millas? **R.:** 24 minutos.

18. Para el baile de la escuela, 11 niñas invitaron a 11 niños. ¿Cuántas parejas estaban bailando? **R.:** 11 parejas.
    Solución: ¡Te engañé de nuevo! Una pareja o un par significa dos. Un niño y una niña hacen una pareja.
    Intentémoslo de nuevo: 11 niños invitaron a 11 niñas. ¿Cuántos niños bailaban? **R.:** 22 niños. ¡Correcto!

19. Conté 12 dientes en la parte superior y 12 en la parte inferior de la boca de mi hermana. ¿Cuántos dientes tiene? **R.:** 24 dientes.

20. Mi guitarra tiene 6 cuerdas. ¿Cuántas cuerdas tendrán 2 guitarras en total? **R.:** 12 cuerdas.

21. a) ¿Cuántas cuerdas tendrán 3 guitarras en total? **R.:** 18 cuerdas.

22. Si un CD tiene 7 canciones, ¿cuántas canciones tienen 2 CD? **R.:** 14 canciones.
    a) ¿Cuántas canciones tienen 3 CD? **R.:** 21 canciones.

23. Neil hizo 6 aviones de papel, Olga hizo 6, y Paul también hizo 6. ¿Cuántos aviones de papel hicieron los tres? **R.:** 18 aviones.

24. Kelly viajó 8 días en un tren, 8 días en un barco y 8 días en el autobús para llegar a casa. ¿Cuántos días viajó? **R.:** 24 días.

25. Un payaso, que mide 6 pies de altura, lleva un sombrero de 6 pies de altura. ¿Qué tan alto es el payaso desde sus dedos de los pies hasta la parte superior de su sombrero? **R.:** 12 pies.

26. Hay 11 jugadores en un equipo de fútbol y 11 en el otro equipo. ¿Cuántos jugadores hay en ambos equipos combinados? **R.:** 22 jugadores.

27. Henry puso 12 huevos en una cesta y luego añadió 12 huevos más a la misma cesta. La cesta cayó y todos los huevos se rompieron. ¿Cuántos huevos se rompieron? **R.:** 24 huevos. *No pongas todos los huevos en una cesta.*

28. En un día, hay 12 horas antes del mediodía y 12 horas después. ¿Cuántas horas hay en un día entero? **R.:** 24 horas.

29. Si una granja tiene 14 ovejas y 14 caballos, ¿cuántos animales tiene en total? **R.:** 28 animales.

30. Georgie Porgie besó a 8 chicas y las hizo llorar. Después, 8 chicas lo besaron y lo hicieron llorar. ¿Cuántos besos se intercambiaron? **R.:** 16 besos (8 + 8 = 16).

31. Si un perro pesa 15 libras y otra pesa 11 libras, ¿cuánto pesan ambos? **R.:** 26 libras.

32. Dos mujeres fueron de compras y cada una gastó $15. ¿Cuánto gastaron los dos? **R.:** $30.

33. Robert tomó un taxi a la estación por 7 millas y luego un tren a la ciudad por 20 millas. ¿Cuántas millas viajó? **R.:** 27 millas.

34. La abuela de Robert vive a 13 millas de su casa. ¿Cuántas millas es el viaje de ida y vuelta a la casa de la abuela? **R.:** 26 millas. **Solución:** El viaje de ida y vuelta significa ir al lugar y volver; 13 millas + 13 millas = 26 millas.

35. Nuestro equipo anotó 9 goles, pero el otro equipo empató el partido. ¿Cuántos goles se marcaron en el juego en total? **R.:** 18 goles.

36. Un contratista construye 12 pies de una cerca. Luego se tomó un tiempo libre y volvió a construir 13 pies más. ¿Cuántos pies construyó de principio a fin? ***R.:*** 25 pies.

37. Judy estaba haciendo un sendero de perros. Ella la hizo de 19 pies de largo, pero luego decidió añadir 7 pies más. ¿Cuánto mide el sendero de perros ahora? ***R.:*** 26 pies.

38. Una cuerda fue cortada en 4 partes iguales y cada parte era de 6 pies. ¿Cuánto medía la cuerda inicialmente? ***R.:*** 24 pies.

39. Hay 16 alumnos en una clase y 13 alumnos en la otra clase. ¿Cuántos alumnos hay en ambas clases? ***R.:*** 29 alumnos.

40. Ann tiene 12 puntos de juego, y Bob tiene 18. ¿Cuántos puntos tienen ambos en total? ***R.:*** 30.

41. Recogí 7 flores el martes y 18 flores el miércoles. ¿Cuántas flores he recogido en ambos días? ***R.:*** 25 flores.

42. El primer payaso tiró 14 pasteles y otro payaso tiró 14 pasteles hacia atrás. ¿Cuántos pasteles tiraron los dos? ***R.:*** 28 pasteles.

43. La cabeza y el cuello del gigante son de 6 pies, su tronco es de 10 pies y sus piernas son de 11 pies de largo. ¿Cuán alto es el gigante? ***R.:*** 27 pies (6 + 10 = 16; luego 16 + 11 = 27).

44. Un niño pesa 13 libras y su hermana gemela pesa 15 libras. ¿Cuánto pesan ambos? ***R.:*** 28 libras.

45. Grace gastó 13 centavos en un sobre y 13 centavos en un sello. ¿Cuánto dinero gastó? ***R.:*** 26 centavos.

46. Conté 15 banderas rojas, 6 verdes y 7 púrpuras. ¿Cuántas banderas conté en total? ***R.:*** 28 banderas.

47. La clase tiene 13 niñas y 17 niños. ¿Cuántos niños hay en la clase en total? ***R.:*** 30 niños.

48. En un pequeño desfile de la ciudad, había 12 soldados, 8 marines y 8 guardacostas. ¿Cuántas personas participaron en el desfile? ***R.:*** 28 personas.

49. Para resolver los primeros 15 problemas matemáticos, un estudiante usó una calculadora. Para los otros 7 problemas, no lo hizo. ¿Cuántos problemas resolvió en total? ***R.:*** 22 problemas.

50. Un caballo galopó 9 millas y caminó 18. ¿Cuántas millas recorrió? ***R.:*** 27 millas.

51. "¿Cuánto es el cachorro de la ventana?", preguntó el pequeño Tommy. "Serían $18 más $7 para la cesta", dijo el dueño de la tienda. ¿Cuánto tendrá que pagar Tommy? ***R.:*** $25.

52. Hay 7 huesos, llamados vértebras, en el cuello, 12 en el pecho y 5 en la parte inferior de la espalda. ¿Cuántas vértebras hay en el cuello, el pecho y la parte inferior de la espalda por completo? ***R.:*** 24 vértebras.

53. En una fiesta, 14 invitados tomaron café y 9 tomaron té. ¿Cuántas bebidas se sirvieron? ***R.:*** 23 bebidas.

54. Imagina que estás nadando en el océano. Primero, 9 tiburones vienen y luego 12 tiburones más vienen y comienzan a dar vueltas a tu alrededor. Entonces, vienen 5 nuevos tiburones hambrientos. ¿Qué debería hacer? ***R.:*** deja de imaginar y estarás bien.

RESTAR NÚMEROS DE HASTA 25

EJERCICIO I

- Cuenta hacia atrás desde 25 hasta 0 (es decir, 25, 24, 23)
- Cuenta hacia atrás desde 25 hasta 0 omitiendo cada 2 (es decir, 25, 23, 21)
- Cuenta hacia atrás desde 25 omitiendo cada 3 (es decir, 25, 22, 19, 16)
- Cuenta hacia atrás desde 25 omitiendo cada 4 (es decir, 25, 21, 17, 13, 9, 5, 1)
- Cuenta hacia atrás desde 25 omitiendo cada 5 (es decir, 25, 20, 15, 10, 5, 0)
- Cuenta hacia atrás desde 25 omitiendo cada 6 (es decir, 25, 19, 13, 7, 1)
- Cuenta hacia atrás desde 25 omitiendo cada 7 (es decir, 25, 18, 11, 4)
- Cuenta hacia atrás desde 25 omitiendo cada 8 (es decir, 25, 17, 9, 1

Problema: ¿25 - 7?
Solución: 7 está hecho de 5 y 2. Podemos cambiar el problema a 25 - 5, y de lo que queda, resta 2. 25 - 5 = 20. Luego, 20 - 2 = 18.
R.: Por lo tanto, 25 - 7 = 18.

Problema: ¿25 - 11?
Solución: 11 es 10 + 1. A partir de 25, restaremos 10 y luego 1.
25 - 10 = 15. Luego, 15 - 1 = 14.
R.: Por lo tanto, 25 - 11 = 14.

EXERCISE II

20 - 9 = 11	20 - 6 = 14	20 - 7 = 13	20 - 4 = 16	20 - 5 = 15
20 - 6 = 14	20 - 7 = 13	20 - 8 = 12	25 - 3 = 22	25 - 4 = 21
25 - 8 = 17	25 - 9 = 16	25 - 8 = 17	25 - 9 = 16	25 - 7 = 18
24 - 8 = 16	24 - 9 = 15	24 - 7 = 17	24 - 8 = 16	23 - 9 = 14
23 - 6 = 17	23 - 7 = 16	23 - 8 = 15	23 - 6 = 17	22 - 7 = 15
22 - 8 = 14	22 - 8 = 14	22 - 9 = 13	22 - 8 = 14	21 - 9 = 12
21 - 8 = 13	21 - 9 = 12	21 - 8 = 13	21 - 9 = 12	21 - 6 = 15

EJERCICIO III

20 - 11 = 9	20 - 12 = 8	20 - 13 = 7	20 - 14 = 6
20 - 15 = 5	20 - 16 = 4	20 - 17 = 3	20 - 18 = 2
25 - 9 = 16	25 - 20 = 5	25 - 4 = 21	25 - 6 = 19
25 - 12 = 13	25 - 15 = 10	25 - 11 = 14	24 - 9 = 15
24 - 23 = 1	24 - 13 = 11	24 - 14 = 10	23 - 5 = 18
23 - 7 = 16	23 - 17 = 6	23 - 8 = 15	20 - 18 = 2
22 - 21 = 1	22 - 22 = 0	22 - 7 = 15	22 - 8 = 14

EJERCICIO IV

- Dos números sumados es igual a 21. Si uno de los números es 10, ¿cuál es el otro? **R.:** 11.
- Dos números sumados es igual a 29. Si uno de los números es 10, ¿cuál es el otro? **R.:** 19.
- Dos números sumados es igual a 23. Si uno de los números es 11, ¿cuál es el otro? **R.:** 12.
- Dos números sumados es igual a 23. Si uno de los números es 10, ¿cuál es el otro? **R.:** 13.

- Dos números sumados es igual a 22. Si uno de los números es 11, ¿cuál es el otro? **R.:** 11.
- Dos números sumados es igual a 24. Si uno de los números es 12, ¿cuál es el otro? **R.:** 12.
- Dos números sumados es igual a 28. Si uno de los números es 17, ¿cuál es el otro? **R.:** 11.
- Dos números sumados es igual a 24. Si uno de los números es 13, ¿cuál es el otro? **R.:** 11.
- Dos números sumados es igual a 27. Si uno de los números es 13, ¿cuál es el otro? **R.:** 14.
- Dos números sumados es igual a 28. Si uno de los números es 16, ¿cuál es el otro? **R.:** 12.
- Dos números sumados es igual a 26. Si uno de los números es 19, ¿cuál es el otro? **R.:** 7.
- Dos números sumados es igual a 24. Si uno de los números es 5, ¿cuál es el otro? **R.:** 19.
- Dos números sumados es igual a 23. Si uno de los números es 13, ¿cuál es el otro? **R.:** 10.

PROBLEMAS DE PALABRAS

1. Una docena tiene 12. ¿Cuántos son 2 docenas? **R.:** 24.
2. La historia tiene 20 páginas. He leído 7 páginas. ¿Cuántas páginas quedan por leer? **R.:** 13 páginas.
3. Esta historia tiene 22 páginas. Leí 4. ¿Cuántos quedan por leer? **R.:** 18 páginas.
4. Hay 24 horas en un día. Si duermes 10 horas, ¿cuántas horas estarás despierto? **R.:** 14 horas.
   a) Si duermes 8 horas, ¿cuántas horas estás despierto? **R.:** 16 horas.
   b) Si el abuelo duerme solo 6 horas, ¿cuántas horas está despierto? **R.:** 18 horas.

5. De los 24 estudiantes de una clase, 14 limpiaron el patio y el resto limpiaron el salón de clases. ¿Cuántos se quedaron a limpiar el aula? **R.:** 10 estudiantes.

6. Había 25 caramelos de chocolate en la caja. Steve comió 6. ¿Cuántos quedan? **R.:** 19 caramelos.

7. Había 21 barcos en el lago a la 1 de la tarde. A las 3 en punto, solo había 12. ¿Cuántos barcos quedan después de la 1 en punto? **R.:** 9 barcos.

8. Hay 7 pájaros en la jaula y 21 en el arbusto. ¿Cuántos pájaros más hay en el arbusto? **R.:** 14 pájaros.

9. Hay 5 guardabosques en el parque y 17 campistas. ¿Cuántas personas hay en el parque? **R.:** 22 personas.

10. A la edad de 22 años, Jordania terminará su servicio en el ejército. Ahora tiene 19 años. ¿Cuántos años más le quedan para servir? **R.:** 3 años.

11. Olga recibió 24 cartas y abrió 19. ¿Cuántas cartas más quedan por abrir? **R.:** 5 cartas.

12. De los 21 estudiantes del equipo de gimnasia, 9 son niños. ¿Cuántas chicas hay en el equipo? **R.:** 12 chicas. ¿Recuerdas el truco de "restar 9 de un número"?

13. La chaqueta de César tiene 15 bolsillos. Llenó 8 bolsillos con cosas. ¿Cuántos bolsillos están vacíos? **R.:** 7 bolsillos.

14. Trisha anotó 24 puntos en un partido. Sam anotó 5. ¿Cuántos puntos los diferencian? **R.:** 19 puntos.

15. Gabriel compró un sombrero y una bufanda por $21. La bufanda era de $5. ¿Cuánto fue el sombrero? **R.:** $16.

16. Mi hermana tiene 8 años. Mi edad más la suya es igual a 21. ¿Cuántos años tengo? **R.:** 13 años.

17. Tengo 15 años. Mi edad más la edad de mi primo es igual a 23. ¿Cuántos años tiene mi primo? **R.:** 8 años.

18. Un canario y una jaula cuestan $25 en total. El canario cuesta $8. ¿Cuánto cuesta la jaula? **R.:** $17.

19. Hay 21 buzones en la calle. Kim quiere invitar a todos a su calle a su fiesta. Puso invitaciones en 10 buzones. ¿Cuántos quedan? **R.:** 11 buzones.

20. Una tienda de alquiler tenía 23 bicicletas. Alquilaron 9 bicicletas. ¿Cuántas bicicletas hay todavía en la tienda? **R.:** 14 bicicletas.

21. Si 7 gansos se unen a 18 patos, ¿cuántas aves nadarán en el lago? **R.:** 25 aves.

22. Don vio 25 duraznos en la despensa. Tomó 7 para un pastel. ¿Cuántos quedan? **R.:** 18 duraznos.

23. Una ardilla recogió 24 uvas y comió 13 de inmediato. Ella guardó el resto para hacer pasas. ¿Cuántas pasas hará? **R.:** 11 pasas.

24. Un cartón tiene 24 onzas de leche. Dave vertió 8 onzas en un vaso. ¿Cuántas onzas quedan en el cartón? **R.:** 16 onzas.

25. Phil compró 25 pastelitos y le pidió al panadero que cortara 10 de ellos por la mitad. ¿Cuántos pastelitos se cortaron?
R.: 15 pastelitos.

26. Fiona puede hacer una parada de manos por 21 segundos, que es 10 segundos más tiempo de lo que Carla es capaz. ¿Cuánto tiempo puede Carla hacer una parada de manos? **R.:** 11 segundos.

27. Un velero llegó a Hawái en 23 días. En el camino de regreso, tomó 7 días menos. ¿Cuántos días duró el viaje? **R.:** 16 días.

28. ¿Cuánto son dos docenas? **R.:** 24. Recuerda que el otro nombre de 12 es una docena.

29. Dos docenas son 24. Una docena es 12, ¿cuánto es la otra docena? **R.:** 12. Jaja, también es 12, porque cualquier docena es siempre 12.

30. Mi perro pesa 19 libras, y mi gato pesa 10 libras.
    a) ¿Por cuántas libras es el gato más ligero que el perro?
    R.: 9 libras.

    b) ¿Cuánto pesan juntos? **R.:** 29 libras. No fue difícil, ¿verdad?

31. Dos chicos juntos atraparon a 24 truchas. El primer chico atrapó a 12. ¿Cuántos atrapó el segundo chico? **R.:** 12 truchas.

32. Se necesitan 25 minutos en remar el bote río arriba y solo 10 minutos para remar suavemente río abajo. ¿Por cuánto es más corto el viaje río abajo? **R.:** 15 minutos.

33. Hay 25 escalones desde la parte inferior de las escaleras hasta la parte superior. Un cachorro subió 9 escalones. ¿Cuántos escalones quedan por subir? **R.:** 16 escalones.

34. Había 23 conejos en el prado. Cuando un perro ladró, 11 conejos corrieron. Cuando un águila voló, otros 8 corrieron. ¿Cuántos conejos valientes se quedaron en el prado? **R.:** 4 conejos.

35. Un médico ordenó 25 vacunas contra la gripe. La enfermera inyectó 9 vacunas hoy. ¿Cuántas tomas quedan para mañana? **R.:** 16 vacunas.

36. Dos rocas juntas pesan 21 libras. Una roca pesa 9 libras. ¿Cuánto pesa la otra roca? **R.:** 12 libras.

37. Pagué $25 y recibí cambio de $6. ¿Cuánto gasté? **R.:** $19.

38. Había 22 arándanos en el plato de Valerie. Comió 9 y su mono mascota comió 13. ¿Cuántos arándanos aún están en el plato? **R.:** 0 arándanos o ninguno.

39. Goofy tenía 20 problemas con la tarea de matemáticas. Hizo 8 de ellos mal y olvidó hacer 5. ¿Cuántos problemas resolvió Goofy correctamente? **R.:** 7 problemas (20 - 8 = 12; 12 - 5 = 7).

40. Hay 24 casas en la calle de Kiki. Hay 12 casas a un lado de la calle. ¿Cuántos hay del otro lado? **R.:** 12 casas.

41. Hay 24 horas en un día.
    a) Si un médico trabajó durante 12 horas, ¿cuánto tiempo descansó? **R.:** 12 horas.
    b) Si una enfermera trabajó 10 horas, ¿cuánto tiempo tuvo baja? **R.:** 14 horas.
    c) Si un conductor de ambulancia trabajó 11 horas, ¿cuántas horas tuvo que descansar? **R.:** 13 horas.
    d) Si un guardia de seguridad trabajó 16 horas, ¿cuánto tiempo libre tenía? **R.:** 8 horas.

42. Dormilona, la osa, puede dormir 16 horas al día. Hoy durmió 9 horas. ¿Cuántas horas se mantuvo despierta? **R.:** 15 horas.
    Solución: Hay 24 horas en un día. Dormilona durmió 9 horas. 24 - 9 = 15 horas. No te confundas con las 16 horas que Dormilona durmió antes. Saber eso no ayuda a resolver el problema.

43. Estornudo siempre estornuda 23 veces. Ha estornudado 7 veces hasta ahora. ¿Cuántas veces más estornudará? **R.:** 16 veces.

44. Gruñón gruñó 17 veces y luego 6 veces más. ¿Cuántos gruñidos hizo? **R.:** 23 gruñidos.

45. El Doc puso 23 píldoras en una botella y luego sacó 12 píldoras. ¿Cuántas pastillas hay en la botella ahora? ***R.:*** 11 píldoras.

46. Marisa recibió 23 regalos por su cumpleaños. Ya envió 9 tarjetas de "Gracias". ¿Cuántas cartas necesita enviar? ***R.:*** 14 cartas.

47. Hay 24 problemas en el examen de matemáticas. Ethan ha terminado 7. ¿Cuántos más quedan por hacer? ***R.:*** 17 problemas.

48. Había 23 manzanas en el árbol. Agarramos algunas y ahora quedan 5 manzanas. ¿Cuántos agarramos? ***R.:*** 18 manzanas.

49. Lucas lavó 22 camisas para todo el equipo de rugby. Entregó 11 camisas para el partido de hoy y guarda el resto. ¿Cuántas guardó? ***R.:*** 11 camisas.

50. Olga tomó 24 fotos con su nueva cámara, pero solo 19 fotos salieron bien. ¿Cuántas fotos salieron mal? ***R.:*** 5 imágenes.

51. Los observadores de pájaros vieron 19 pájaros. Vieron 8 colibríes, 7 ruiseñores y el resto eran pájaros carpinteros. ¿Cuántos pájaros carpinteros vieron? ***R.:*** 4 pájaros carpinteros.

52. Veinticinco autos estaban compitiendo, pero solo 12 autos llegaron a la línea de meta. ¿Cuántos abandonaron la carrera? ***R.:*** 13 autos.

53. Una enfermera dio 16 vacunas. Siete tragos fueron para la varicela y el resto para el sarampión. ¿Cuántas vacunas contra el sarampión le dio? ***R.:*** 9 disparos.

RESTANDO NÚMEROS DE DÍGITOS SIMPLES Y DOBLES HASTA 30

Problema: ¿27 - 13?
Primera **Solución:** 13 es también 10 + 3.
A partir de 27, nos llevaremos 10 primero; luego restamos 3 más.
27 - 10 = 17 y 17 - 3 = 14. Por lo tanto, 27 - 13 = 14.
Segunda **Solución:**
Separaremos dos números. 27 = 20 y 7. 13 = 10 y 3.
Vamos a restar 20 – 10 = 10 y 7 – 3 = 4.
Vamos a volver a juntar 10 + 4 = 14. Por lo tanto, 27 - 13 = 14.

Problema: ¿30 - 18?
Solución: 18 es 10 + 8. A partir de 30, nos llevaremos 10 primero, y luego nos llevaremos otros 8. 30 - 10 = 20 y 20 - 8 = 12.
Por lo tanto, 30 - 18 = 12.

EJERCICIO I

29 - 5 = 24	18 - 9 = 9	17 - 9 = 8	26 - 9 = 17	30 - 9 = 21
16 - 8 = 8	28 - 9 = 18	27 - 9 = 18	30 - 7 = 23	30 - 15 = 15
26 - 5 = 21	24 - 6 = 18	30 - 9 = 21	30 - 11 = 19	24 - 13 = 11
25 - 6 = 19	24 - 6 = 18	30 - 9 = 21	28 - 9 = 19	23 - 4 = 19
22 - 12 = 12	20 - 19 = 1	27 - 21 = 6	22 - 6 = 16	29 - 20 = 9
30 - 8 = 22	20 - 9 = 11	20 - 11 = 9	25 - 10 = 15	22 - 13 = 9

EJERCICIO II

- ¿Cuál número sumado a 10 es igual a 12? **R.:** 2.
- ¿Cuál número sumado a 9 es igual a 12? **R.:** 3.
- ¿Cuál número sumado a 12 es igual a 16? **R.:** 14 (16 - 12 = 4).
- ¿Cuál número sumado a 8 es igual a 24? **R.:** 16 (24 - 8 = 16).
- ¿Cuál número sumado a 10 es igual a 27? **R.:** 17 (27 - 10 = 17).
- ¿Cuál número sumado a 17 es igual a 18? **R.:** 1.
- ¿Cuál número sumado a 12 es igual a 22? **R.:** 10.
- ¿Cuál número sumado a 12 es igual a 24? **R.:** 12.
- ¿Cuál número sumado a 15 es igual a 26? **R.:** 11.
- ¿Cuál número sumado a 13 es igual a 25? **R.:** 12.
- ¿Cuál número sumado a 21 es igual a 28? **R.:** 7.
- ¿Cuál número sumado a 5 es igual a 25? **R.:** 30.
- ¿Cuál número sumado a 1 es igual a 29? **R.:** 30.
- ¿Cuál número sumado a 11 es igual a 22? **R.:** 32.
- ¿Cuál número sumado a 11 es igual a 23? **R.:** 34.
- ¿Cuál número sumado a 14 es igual a 25? **R.:** 39.
- ¿Cuál número sumado a 15 es igual a 25? **R.:** 40.
- ¿Cuál número sumado a 16 es igual a 24? **R.:** 40.
- ¿Cuál número sumado a 16 es igual a 25? **R.:** 41.
- ¿Cuál número sumado a 17 es igual a 24? **R.:** 41.
-

EJERCICIO III

10 + 6 = 16	19 + 4 = 23	20 + 9 = 29	19 + 5 = 24	18 + 9 = 27
17 + 9 = 26	16 + 9 = 25	5 + 19 = 24	16 + 8 = 24	24 + 8 = 32
16 + 18 = 34	20 + 7 = 27	19 + 7 = 26	18 + 6 = 24	19 + 6 = 25
20 + 9 = 29	18 + 12 = 30	11 + 19 = 30	17 + 13 = 30	14 + 16 = 30

EJERCICIO IV

30 - 21 = 9	30 - 22 = 8	30 - 24 = 6	30 - 15 = 15	30 - 26 = 4
30 - 27 = 3	30 - 17 = 13	30 - 18 = 12	30 - 19 = 11	30 - 15 = 15
30 - 17 = 13	30 - 11 = 19	30 - 14 = 16	30 - 13 = 17	30 - 17 = 13
30 - 18 = 12	30 - 19 = 11	30 - 12 = 18	30 - 12 = 18	30 - 19 = 11
30 - 21 = 9	30 - 23 = 7	30 - 24 = 6	30 - 25 = 5	30 - 10 = 20

PROBLEMAS DE PALABRAS

1. El Supervisor de construcción reemplazó 20 bombillas de 30. ¿Cuántas más necesitan ser reemplazadas? **R.:** 10 bombillas.

2. El Puente Norte tiene 28 pies de largo y el Puente Sur es 10 pies más corto. ¿Cuánto mide el Puente Sur? **R.:** 18 pies.

3. Lala tiene 28 años.
   a) Lele es 7 años más joven que La. ¿Cuántos años tiene Le? **R.:** 21 años.
   b) Lili es 10 años más joven que La. ¿Cuántos años tiene Li? **R.:** 18 años.
   c) Lolo es 11 años más joven que La. ¿Cuántos años tiene Lo? **R.:** 17 años.
   Solución: podemos separar 11 en 10 y 1. Entonces, 28 - 10 es 18, y 18 - 1 = 17.
   d) Lulu es 18 años más joven que La. ¿Cuántos años tiene Lu? **R.:** 10 años.

4. Un taxista tuvo 15 pasajeros ayer y 26 hoy. ¿Cuántos pasajeros más tenía hoy que ayer? **R.:** 11 pasajeros.

5. Había 27 niños en un autobús escolar.
   a) En la primera parada, 8 niños bajaron. ¿Cuántos se quedaron en el autobús? **R.:** 19 niños.
   b) En la segunda parada, 12 niños más se bajaron. ¿Cuántos se quedaron? **R.:** 7 niños.

6. Mamá le pidió a Fátima que compartiera 22 frambuesas con su hermano gemelo, Jamal. Fátima tomó 12. ¿Fue justa?
   R.: En realidad no.
   Solución: No es justo, porque 22 - 12 = 10. Fátima dejó menos

frambuesas para su hermano de las que tomó para ella. Habría sido justo si fueran 11.

7. Los niños contaron 28 erizos y 14 estrellas de mar. ¿Cuántos erizos más contaron? ***R.:*** 14 erizos más que estrellas de mar.

8. Trisha tiene 21 años. Para su cumpleaños, recibió 19 regalos. ¿Cuántos más necesita para tener exactamente 21 regalos?
R.: 2 regalos (21- 19 = 2).

9. Se necesitan 30 minutos para un pollo y solo han pasado 23 minutos. ¿Cuántos minutos quedan hasta que el pollo esté listo?
R.: 7 minutos.

10. Hay 28 días en febrero.
a) Después de 9 días, ¿cuántos días quedan hasta el final del mes? ***R.:*** 19 días.
b) ¿Después de 11 días? ***R.:*** 17 días.
c) ¿Después de 14 días? ***R.:*** 14 días.
d) ¿Después de 17 días? ***R.:*** 11 días.

11. De las 27 aves en el lago, 11 son cisnes y el resto son patos. ¿Cuántos patos hay en el lago? ***R.:*** 16 patos.

12. El tío Val trató de apagar 25 velas en su pastel de cumpleaños, pero solo apagó 18 en su primer intento. ¿Cuántas siguen encendidas? ***R.:*** 7 velas.

13. Un empleado colocó 13 maletas en un camión y 15 en el otro. ¿Cuántas maletas había? ***R.:*** 28 maletas.

14. Mis 14 conejos se comieron 26 zanahorias. Los 15 conejos de Ed comieron solo 19. ¿Cuántos conejos tenemos juntos?
R.: 29 conejos.
a) ¿Cuántas zanahorias más comieron mis conejos?
R.: 7 zanahorias.

15. Una cuerda de 30 pies fue cortada en dos pedazos, y un pedazo era de 15 pies. ¿Cuánto mide el otro pedazo? ***R.:*** 15 pies.

16. El abuelo estaba limpiando su reloj y puso 27 partes sobre la mesa. Jack decidió volver a juntarlos, pero cuando terminó, quedaron 8 partes. ¿Cuántas partes volvió a juntar? ***R.:*** 19 partes. *¿Crees que Jack estará en problemas cuando el abuelo vuelva de su paseo?*

17. De los 29 estudiantes, 14 votaron por Kristen para presidente de clase y todos los demás votaron por Lana. ¿Cuántos votaron por Lana? ***R.:*** 15 estudiantes. ¿Quién ganó? Lana, por supuesto; obtuvo más votos.

18. Lazlo encontró un viejo rompecabezas de 30 piezas, pero solo había 23 piezas en la caja. ¿Cuántas faltaban? ***R.:*** 7 piezas.

19. La abuela de Valerie sabe 29 cuentos para dormir. Le contó a Valerie 18 cuentos. ¿Cuántos cuentos no ha escuchado Valerie? ***R.:*** 11 cuentos.

20. Mamá compró 30 velas de cumpleaños, pero solo se han utilizado 12 hasta ahora. ¿Cuántas velas sin utilizar hay? ***R.:*** 18 velas.

21. Un agricultor tenía 30 ovejas y vendía 18 de ellas. ¿Cuántas conservó? ***R.:*** 12 ovejas.

22. Harry y yo tallamos 23 calabazas en total. He tallado 14. ¿Cuántas talló Harry? ***R.:*** 9 calabazas.

23. Sam aprendió 23 palabras ortográficas nuevas y rápidamente olvidó 8. ¿Cuántas recuerda todavía? ***R.:*** 15 palabras.

24. Las gallinas de Kerry pusieron 27 huevos en dos semanas. Durante la primera semana, pusieron 14. ¿Cuántos pusieron en la segunda semana? ***R.:*** 13 huevos.

25. Dos condados tienen 27 bibliotecas en total. Si un condado tiene 12, ¿cuántas bibliotecas hay en el otro condado? ***R.:*** 15 bibliotecas.

26. Había 29 polillas, pero solo 14 volaron hacia la lámpara. ¿Cuántas no lo hicieron? ***R.:*** 15 polillas.

27. Un perro y la correa cuestan $26 en total. La correa cuesta $7. ¿Cuánto costó el perro? ***R.:*** $19.

28. Dos serpientes de cabeza a cola miden 22 pies de largo. Una serpiente mide 14 pies. ¿Cuánto mide la otra? ***R.:*** 8 pies.

29. Bill y Bob juntos tienen 30 cerdos. Si Bill tiene 19, ¿cuántos tiene Bob? ***R.:*** 11 cerdos.

30. Hay 23 apartamentos en un edificio y 19 de ellos se alquilan. ¿Cuántos están vacíos? ***R.:*** 4 apartamentos.

31. Hay 23 piratas en el barco.
a) 15 tienen barba. ¿Cuántos no? ***R.:*** 8 piratas.

b) 9 tienen espadas y el resto tienen pistolas. ¿Cuántos tienen pistolas? ***R.:*** 14 piratas.

c) 11 llevan pantalones rojos y el resto usan azules. ¿Cuántos visten de azul? ***R.:*** 12 piratas.

32. Un músico tocó 26 notas. Ocho estaban desafinadas. ¿Cuántas estaban afinadas? ***R.:*** 18 notas.

33. Veintisiete exploradores vieron una Babosa Banana y 11 de ellos lloraron. ¿Cuántos no lloraron? ***R.:*** 16 exploradores.

34. Veinticinco exploradoras vieron un murciélago y 12 gritaron. ¿Cuántas no lo hicieron? ***R.:*** 13 exploradoras.

35. Un mago mostró 24 cartas y luego solo había 8. ¿Cuántas desaparecieron? ***R.:*** 16 cartas.

36. Un alumno escribió 21 palabras en una pizarra y luego borró 14. ¿Cuántas dejó en la pizarra? ***R.:*** 7 palabras.

37. De 24 pájaros en el alambre, 19 acababan de llegar. ¿Cuántos ya estaban allí? ***R.:*** 5 pájaros.

38. Una ardilla encontró algunas nueces. 13 nueces estaban podridas, pero 16 nueces eran buenas. ¿Cuántas nueces encontró en total? ***R.:*** 29 nueces (buenas y malas).

39. Matt lanzó dardos 26 veces. Dio en el blanco 17 veces. ¿Cuántas veces falló? ***R.:*** 9 veces.

40. Un luchador de sumo tuvo 25 combates. Si ganó 18, ¿cuántos perdió? ***R.:*** 7 combates.

41. Un vaquero lanzó su lazo 30 veces y lo hizo bien 19 veces. ¿Cuántas veces se equivocó? ***R.:*** 11 veces.

42. Un observador de aves escuchó 24 silbidos de pájaros y adivinó 19 de ellos correctamente. ¿Cuántos silbidos no adivinó correctamente? ***R.:*** 5 silbidos.

43. De 26 bombillas, 7 se quemaron en un mes. ¿Cuántas no lo hicieron? ***R.:*** 19 bombillas.

44. Carla y June pagaron $27 por el balón de fútbol. Junio pagó $19. ¿Cuánto pagó Carla? ***R.:*** $8.

45. Un conserje compró 22 cepillos y usó 19. ¿Cuántos cepillos nuevos tiene todavía? ***R.:*** 3 cepillos.

46. La cinta tenía 30 metros. Milo usó 18 metros. ¿Cuánto queda de la cinta? ***R.:*** 12 metros.

47. Un lagarto mide 24 pulgadas de largo. Su cola es de 8 pulgadas de largo. ¿Cuánto mide el resto de su cuerpo? ***R.:*** 16 pulgadas.

48. Un niño tiene 21 dientes. Solo 7 son dientes permanentes y el resto son dientes de leche. ¿Cuántos dientes de leche tiene? ***R.:*** 14 dientes.

49. gigante hambriento vio 26 melones en una parcela. Cosechó 19. ¿Cuántos dejó intactos? ***R.:*** 7 melones.

50. Dos libros cuestan $25. Un libro cuesta $17. ¿Cuánto cuesta el otro? ***R.:*** $8.

51. Veintinueve tribus vivían en el valle, pero 16 tribus se mudaron. ¿Cuántas se quedaron? ***R.:*** 13 tribus.

25

SUMA Y RESTA DE NÚMEROS DE HASTA 30

EJERCICIO I

1. La diferencia entre dos números es 10. Si un número es 12, ¿cuál es el otro? R.: 2 o 22.
2. La diferencia entre dos números es 7. Si un número es 15, ¿cuál es el otro? R.: 22 u 8.
3. La diferencia entre dos números es 18. Si un número es 12, ¿cuál es el otro? R.: 30 o 6.
4. La diferencia entre dos números es 9. Si un número es 13, ¿cuál es el otro? R.: 22 o 4.
5. La diferencia entre dos números es 16. Si un número es 9, ¿cuál es el otro? R.: 25 o 7.
6. La diferencia entre dos números es 21. Si un número es 5, ¿cuál es el otro? R.: 26 o 16.
7. La diferencia entre dos números es 13. Si un número es 15, ¿cuál es el otro? R.: 28 o 2.
8. La diferencia entre dos números es 27. Si un número es 14, ¿cuál es el otro? R.: 13 o 13.
9. La diferencia entre dos números es 12. Si un número es 19, ¿cuál es el otro? R.: 31 o 7.
10. La diferencia entre dos números es 14. Si un número es 14, ¿cuál es el otro? R.: 28 o 0.

EJERCICIO II

5 + 13 + 2 = 20	7 + 12 + 3 = 22	10 + 15 + 3 = 28	9 + 11 + 6 = 26
6 + 7 + 5 = 18	7 + 8 + 3 = 18	8 + 12 + 9 = 29	5 + 8 + 7 = 20
6 + 2 + 5 = 13	8 + 4 + 8 = 20	3 + 17 + 5 = 25	5 + 5 + 3 = 13
8 + 7 + 4 = 19	7 + 3 + 2 = 12	5 + 6 + 7 = 18	8 + 3 + 4 = 15
10 + 5 + 5 = 20	3 + 7 + 4 = 14	5 + 6 + 6 = 17	9 + 4 + 3 = 16
5 + 8 + 2 = 15	6 + 8 + 2 = 16	9 + 9 + 1 = 19	2 + 8 + 6 = 16

PROBLEMAS DE PALABRAS

1. Audrey escribió 19 cartas de agradecimiento y Jan escribió 7. ¿Cuántas cartas escribieron juntos? **R.:** 26 tarjetas.

2. Blake ahorró $14 y recibió $13 como regalo de su tío. ¿Cuánto dinero tiene? **R.:** $27.

3. Había 18 marineros en un barco y 9 en el otro. ¿Cuántos marineros había en ambos barcos? **R.:** 27 marineros.

4. Gary tiene 25 dientes. Si 12 dientes están en la parte inferior de su boca, ¿cuántos dientes hay en la parte superior? **R.:** 13 dientes.

5. En la fiesta, 16 de 28 niños pidieron soda. El resto quería jugo de naranja. ¿Cuántos niños pidieron jugo de naranja? **R.:** 12 niños.

6. Mi tío tiene 18 años. Mi tía es 9 años mayor. ¿Cuántos años tiene mi tía? **R.:** 27 años.

7. Gastón tiene 19 años.
    a) ¿Qué edad tendrá en 7 años? **R.:** 26 años.
    b) ¿En 9 años? **R.:** 28 años.
    c) ¿En 10 años? **R.:** 29 años.
    d) ¿En 11 años? **R.:** 30 años.

8. Manuel tiene 17 semillas de manzana en su mano izquierda y 7 en su derecha. ¿Cuántas semillas hay en ambas manos? **R.:** 24 semillas.
    a) Ella plantó 15 semillas. ¿Cuántas semillas guardó? **R.:** 9 semillas.

9. Lin, de tres años, encendió la luz 12 veces y la apagó 11 veces. ¿Cuántas veces le dio al interruptor? **R.:** 23 veces. *¿Por qué está haciendo eso?*

10. Un conejo pesa 8 libras; un lobo pesa 18 libras. ¿Cuánto más pesa el lobo? **R.:** 10 libras.

11. Soplé 19 velas en el pastel de cumpleaños de mamá, y mi hermano sopló otras 9. ¿Cuántos años tiene mi mamá?
R.: 28 años.

12. Josh lanzó su helicóptero de juguete 19 veces y lo estrelló 11 veces. ¿Cuántas veces lo aterrizó a salvo? **R.:** 8 veces.

13. Un par de zapatos cuestan $21 y un par de calcetines cuestan solo $8. ¿Cuánto cuestan juntos? **R.:** $29.

14. Barack tenía $13. Pidió $11 prestados y gastó $8. ¿Cuánto queda? **R.:** $16.
Solución: $13 + $11 = $24. De $24, Lyle gastó $8, $24 - $8 = $16.

15. En la venta de garaje, Hilary vendió un loro por $15 y una jaula por $13. Luego tomó todo su dinero y compró un conejillo de indias manchado por $19. ¿Cuánto dinero quedó?
R.: $9 (15 + 13 = 28, 28 - 19 = 9).

16. Trece pájaros se sentaron en un alambre. Luego, 11 pájaros más vinieron, y 15 pájaros volaron. ¿Cuántos pájaros hay ahora en el alambre? **R.:** 9 (13 + 11 = 24; luego 24 - 15 = 9).

17. Un chef de un restaurante tomó una docena (12) de huevos de una cesta y 6 huevos de la otra. Solo usó 18 huevos. ¿Cuántos huevos quedan? **R.:** 0 o ninguno. No te dejes engañar por la palabra "solo".

18. Francisco tenía $25. Gastó tenía $14, y luego ganó $12. ¿Cuánto dinero tiene ahora? **R.:** $23.

19. La abuela Smith recogió 30 manzanas de 3 árboles. Ella escogió 16 del primero y 6 del segundo árbol. ¿Cuántas manzanas escogió la abuela Smith del tercer árbol? **R.:** 8 manzanas.
Solución: 30 manzanas - 16 (desde el primer árbol) = 14 (desde el segundo y el tercero). Ahora, 14 - 6 (del segundo árbol) = 8 manzanas que deben haber venido del tercer árbol.

20. El tanque de un camión puede contener 29 galones de gasolina. En una gasolinera, compramos 18 galones para llenar el tanque. ¿Cuántos galones de gasolina había en el tanque antes de que tuviéramos gasolina? ***R.:*** 11 galones.

Solución: Todo el tanque es de 29 galones - 18 que ponemos para llenarlo = 11 galones estaban allí antes de llenar el tanque.

21. Hay 26 letras en nuestro alfabeto. Hay 5 vocales, 2 semivocales, y el resto son consonantes. ¿Cuántas consonantes hay?
R.: 19 consonantes.

22. Pagué $29 por 3 plantas. La primera planta costó $7; la segunda también fue de $7. ¿Cuánto costó la tercera planta?
R.: $15 (29 - 7 = 22; 22 - 7 = 15).

23. El Sr. Sobre necesita 19 centavos de sellos para una carta. Tiene un sello de 8 centavos y un sello de 5 centavos. ¿Cuántos centavos de sellos necesita comprar? ***R.:*** 6 centavos.

Solución: sello de 8 céntimos + sello de 5 céntimos de marca = 13 céntimos de sellos que el Sr. Sobre ya tiene. Ahora, 19 centavos (necesarios para la carta) - 13 centavos (ya tiene) = 6 centavos más.

24. Maresol atrapó 3 insectos y contó 20 patas. El primer insecto tenía 6 patas y el segundo insecto tenía 6 patas. ¿Cuántas patas tuvo el último bicho? ***R.:*** 8 patas.

Solución: Dos de cada tres que Maresol capturó tienen 6 + 6 = 12 patas. Ahora, 20 patas (los tres insectos) - 12 patas (ya contados con dos insectos) = 8 patas (el tercero insecto). *Creo que el último insecto es una araña, ¡ay!*

25. 26 páginas en el periódico de la ciudad. Una página cubre las noticias, 18 páginas son arte y música. El resto son los anuncios. ¿Cuántas páginas hay en los anuncios?
R.: 7 páginas.

Soluciones: 26 páginas - 1 página (noticias) = 25 páginas; 25 páginas - 18 páginas (arte y música) = 7 páginas para los anuncios.

O añadimos todas las páginas, 1 + 18 = 19 páginas de noticias, deportes y arte y música. Luego, se dejan entre 26 - 19 = 7 páginas para los anuncios.

26. Brady colocó ladrillos en un triángulo: 11 ladrillos en un lado y 11 ladrillos en el otro lado. ¿Cuántos ladrillos usó para el tercer lado si en total había 30 ladrillos? *R.:* 8 ladrillos.
    Solución: 30 - 11 (un lado) = 29; luego 29 - 11 (el otro lado) = 8 ladrillos.
    De otra manera: 11 + 11 = 22 (ladrillos en dos lados); luego 30 (total) - 22 = 8 ladrillos en el tercer lado.

27. Quince pájaros estaban sentados en los cables.
    a) Entonces, 8 nuevos pájaros vinieron y 11 pájaros volaron. ¿Cuántos pájaros hay ahora?
    R.: 22 pájaros (15 + 8 = 23; 23 - 11 = 12).
    b) Entonces, 7 pájaros más vinieron y 8 volaron. ¿Cuántos pájaros hay ahora?
    R.: 11 pájaros (12 + 7 = 19; 19 - 8 = 11).
    c) Después de eso, otros 11 pájaros vinieron y se sentaron en los cables. ¿Cuántos pájaros hay ahora?
    R.: 22 pájaros. (11 + 11 = 22).
    d) Ahora, 4 pájaros volaron y 2 nuevos pájaros llegaron. ¿Cuántos pájaros veremos ahora?
    R.: 20 pájaros, pero estas son todos diferentes pájaros (22 – 4 = 18; 18 + 2 = 20).

28. En una competición de tiro con arco, 24 flechas fueron disparadas. De estas flechas, 3 se rompieron y 4 se perdieron. ¿Cuántas flechas fueron devueltas? *R.:* 17 flechas.

29. La ciudad planeó 24 espectáculos para una celebración de 3 días. El primer día, hubo 8 espectáculos; en el segundo día, también había 8. ¿Cuántos espectáculos quedaron para el tercer día? *R.:* 8 espectáculos.

30. En una caminata de 20 millas, nuestro equipo corrió 7 millas cuesta arriba, 7 millas cuesta abajo y caminamos el resto del sendero. ¿Cuántas millas caminamos? *R.:* 6 millas.

31. El profesor Gusano de Libros tomó prestados 14 libros de la biblioteca. La semana siguiente, regresó 7 y tomó prestados otros 14 libros. ¿Cuántos libros tiene el profesor ahora? *R.:* 21 libros.

32. Había 12 peces dorados en una pecera. Saqué 6 peces dorados y puse 12 peces guppy. ¿Cuántos peces hay ahora en la pecera?
R.: 18 peces.

33. Compramos 3 entradas para el teatro. Cada entrada costaba $8.
a) ¿Cuánto dinero gastamos? **R.:** $24 (8 + 8 =16; 16 + 8 = 24).
b) Tuvimos que devolver una entrada y nos devolvimos el dinero. ¿Cuál es el precio de 2 entradas restantes?
R.: $16 (24 - 8 = 16).

34. Jake puso 25 libros en su mochila. Luego, sacó 10 libros. Luego cambió de opinión y volvió a poner 5 libros en la mochila. ¿Cuántos libros hay en la mochila?
R.: 20 libros (25 - 10 = 15; 15 + 5 = 20).

35. Once patos y 14 cisnes vivían en un estanque. Un día, 8 pájaros despegaron hacia el sur. ¿Cuántos se quedaron?
R.: 17 pájaros (11 + 14 = 25; luego, 25 - 8 = 17).

36. Un mes tiene 22 días laborables y 8 días de fin de semana. ¿Cuántos días hay en este mes? **R.:** 30 días.

37. Un mes tiene 30 días. Había 9 días de fin de semana y 1 día festivo. ¿Cuántos días laborables hay en el mes? **R.:** 20 días.

38. Hay 14 abedules y 14 robles en el parque. 19 árboles tienen nidos de aves en ellos. ¿Cuántos árboles no tienen nidos? **R.:** 9 árboles.

39. Durante el partido de baloncesto, nuestro equipo estaba 16 puntos por delante. Entonces, perdimos 8 puntos. Luego anotamos 12 puntos, y al final perdimos otros 11 puntos. ¿Ganamos?
R.: Sí,
a) ¿Cuántos puntos por delante del otro equipo estábamos al final del juego? **R.:** Estuvimos 6 puntos por delante (16 - 8 = 8; 8 + 12 = 20; 20 - 11 = 9).

40. Mario compró 12 palitos de goma de mascar naranja y 15 palitos sabor a plátano. Escondió 9 palitos en el bolsillo. ¿Cuántos palitos no escondió? **R.:** 18 (12 + 15 = 27; 27 - 9 = 18).

41. Había 14 fresas y 14 moras. Sumergí 19 moras en chocolate. ¿Cuántas moras no me sumergí?
R.: 9 moras (14 + 14 = 28; 28 - 19 = 9).

42. Trece caballeros azules desafiaron a 19 caballeros verdes a un torneo de justas, pero solo 7 caballeros verdes aparecieron. ¿Cuántos caballeros verdes se quedaron en sus castillos?
R.: 12 caballeros verdes. No porque tuvieran miedo, pero puede ser que tuvieran demasiada tarea.

43. Una biblioteca recibió 8 nuevas novelas, 13 libros de misterio y 2 cómics. De estos, prestó 7 libros de inmediato. ¿Cuántos fueron en los estantes? **R.:** 16 libros.

44. Quedan veinticinco minutos antes del espectáculo. Me lleva 5 minutos prepararme, 12 minutos en conducir y 6 minutos para comprar entradas para el espectáculo. ¿Llegaré a tiempo?
R.: Sí, porque 5 + 12 = 17; 17 + 6 = 23 (minutos). *¡Pero mejor me apuro!*

45. Un pájaro atrapó 17 moscas y 13 mosquitos. Les dio 24 insectos a sus pichones. ¿Cuántos guardaba para sí mismo? **R.:** 6 insectos.

46. Dieciséis excursionistas y 14 ciclistas vinieron para una estancia de una noche. Solo había 19 camas en un hotel local. ¿Cuántos excursionistas y ciclistas durmieron afuera? **R.:** 11.

47. Un poeta compró 12 rosas y 18 lirios. Le dio 15 flores a una chica. ¿Cuántos le dio al otro? **R.:** 15 flores.

48. Teníamos 10 curitas grandes y 19 pequeñas en casa. Después de que Jorge cayó en un cactus usamos 29 curitas. ¿Cuántas quedan para el próximo accidente? **R.:** 1 curita.

26

SUMA DE NÚMEROS DE HASTA 40

EJERCICIO I

- Cuenta hacia adelante de 0 a 50 por 5 (es decir, 5, 10, 15, 20)
- Cuenta hacia atrás de 50 a 0 omitiendo cada 5 (es decir, 50, 45, 40, 35, etc.)

EXERCISE II

10 + 20 = 30	20 + 20 = 40	10 + 25 = 35	15 + 10 + 5 = 30
15 + 15 = 30	15 + 10 = 25	15 + 25 = 40	20 + 15 = 35
25 + 10 = 35	30 + 10 = 40	25 + 10 = 35	15 + 15 + 5 = 35

PROBLEMAS DE PALABRAS

1. Un policía dio multas a 20 peatones imprudentes y 5 a personas sucias. ¿Cuántas multas escribió en total? **R.:** 25 multas.
2. Nicole puso 15 fundas de almohada y 10 toallas de mano en la lavadora. ¿Cuántos artículos puso en la lavadora en total? **R.:** 25 artículos.
3. Se necesitaron 29 secciones para construir una valla. Se necesitaron 4 secciones para construir una puerta. ¿Cuántas secciones se tardaron en construir ambas? **R.:** 33 secciones.

4. Para el concierto, el profesor compró 20 entradas para la primera fila y 15 entradas para la segunda fila. ¿Cuántas entradas compró el profesor? ***R.:*** 35 entradas.

5. Un pescador capturó 20 peces más que el otro. El otro pescador solo había capturado 10 peces. ¿Cuántos peces capturaron? ***R.:*** 40 peces.
   Solución: Un pescador atrapó 10 peces. El otro atrapó 10 + 20 = 30 peces. Juntos, capturaron de 10 + 30 = 40 peces.

6. Un maestro hizo 15 copias; luego 10 copias más. ¿Cuántas copias hizo? ***R.:*** 25 copias.

7. Una ardilla pesa 5 libras y un mapache pesa 20 libras más. ¿Cuánto pesan juntos? ***R.:*** 30 libras.
   Solución: El mapache pesa 5 libras + 20 libras = 25 libras. Ambos pesan 5 libras + 25 libras = 30 (libras).

8. Los voluntarios hicieron 25 sándwiches de queso y 25 sándwiches de pavo. Las exploradoras hambrientas comieron 45 sándwiches. ¿Cuántos quedaron para los voluntarios? ***R.:*** 5 sándwiches.

9. En el campamento, teníamos 5 consejeros y 25 campistas. ¿Cuántas personas había en el campamento? ***R.:*** 30 personas.

10. Amber y Jade tenían $30. Amber gastó $15 y Jade gastó $10. ¿Cuánto dinero queda? ***R.:*** $5.

11. Un ciclista, mientras va en un viaje de 40 millas, se detiene después de 25 millas. ¿Cuántas millas tiene que recorrer? ***R.:*** 15 millas.

12. Un pescador capturó 35 peces y dejó ir 20. ¿Cuántos guardaba? ***R.:*** 15 peces.

13. Nelly recogió 15 manzanas y 15 peras, pero en su camino de regreso comió 20 frutas. ¿Cuántas frutas trajo a casa? ***R.:*** 10 frutas. También le dolió el estómago todo el día.

14. En el camino al parque, Jasmine contó 5 autos rojos, 10 autos negros y 15 beige. ¿Cuántos autos contó? ***R.:*** 30 autos.

15. ¿Cuánto es 5 más 5, más 5? ***R.:*** 15.

16. ¿Cuánto es 5 más 5, más 5, más 5? ***R.:*** 20.

17. ¿Cuánto es 10 más 10, más 10? ***R.:*** 30.

18. Suma 15 más 10. Luego, suma otros 10 y resta 25. ¿Cuánto queda? ***R.:*** 10.

19. Toma 40 y resta 15, suma 25, resta 20. ¿Cuánto conseguiste? ***R.:*** 30.

20. Toma 30 y resta 25, resta 5, suma 35. ¿Cuánto cuesta ahora? ***R.:*** 35.

21. El juego cuesta $30. Tengo $15, Cameron tiene $5, y Alex tiene $10. ¿Tenemos suficiente dinero para comprar el juego? ***R.:*** Sí.

22. Preparándose para una prueba, Marisa puso 5 lápices, 5 crayones, 5 bolígrafos, 5 borradores y 5 cuadernos en su bolso. ¿Cuántos artículos se llevó? ***R.:*** 25 artículos.

23. Hay 15 manzanas en una caja y 10 en la otra. Tomé 5 manzanas de la primera caja y 5 de la otra. ¿Cuántas manzanas hay ahora en ambas cajas juntas? ***R.:*** 15 manzanas.

24. Natasha tuvo que hacer 10 problemas del primer libro, 10 del segundo y 10 del tercero. Ella hizo 5 problemas de cada libro. ¿Cuántos problemas quedan por hacer? ***R.:*** 15 problemas.
Solución: Los problemas de los 3 libros son 10 + 10 + 10 = 30 problemas. Luego, 30 (problemas de los tres libros) - 5 (problemas del 1er libro) = 25; 25 - 5 (problemas del 2º libro) = 20; 20 - 5 (problemas del 3er libro) = 15 problemas dejados en los 3 libros.

25. Tenemos 30 chicos en el coro. Hay 25 chicas. ¿Cuántos chicos hay en el coro? ***R.:*** 5 chicos.

26. De 50 personas en un equipo de construcción, 25 son carpinteros, 15 son techadores, 10 son fontaneros y el resto son pintores. ¿Cuántos pintores hay? ***R.:*** 0, no hay pintores.

27. Para la fiesta de disfraces de pirata, 15 niños tenían parches en sus ojos izquierdos, 20 en el derecho y 10 no tenían parches en absoluto. ¿Cuántos niños vinieron? ***R.:*** 45 niños (15 + 20 + 10).

28. Una tortuga puso 30 huevos, pero solo 20 huevos se rompieron. ¿Cuántos no se rompieron? ***R.:*** 10 huevos.

29. Una gallina puso 15 huevos y otra puso 12. ¿Cuántos pollitos empollaron? ***R.:*** 27 pollitos.

30. Una tienda vendió 14 calendarios antes del Día de Año Nuevo y 14 calendarios después. ¿Cuántos calendarios vendió?
R.: 28 calendarios.

31. Barba Azul tardó 11 minutos en afeitarse el lado derecho de su cara y 16 minutos para el lado izquierdo. ¿Cuánto tiempo le tomó para ambos lados? **R.:** 27 minutos.

32. Una princesa tardó 14 minutos en hacer una trenza y 16 minutos para la otra. ¿Cuánto tiempo le tomó hacer las dos trenzas?
R.: 30 minutos.

33. La presión del aire en un neumático era de 14 unidades. Clive puso 15 unidades más. ¿Cuántas unidades de presión hay en el neumático ahora? **R.:** 29 unidades.

34. Un techador tomó 18 azulejos de una pila y 8 de la otra. ¿Cuántos azulejos tomó? **R.:** 26 azulejos.

35. Tony atrapó 25 ratones y 9 ratas en el granero. ¿Cuántas plagas atrapó Tony? **R.:** 34 plagas. *Tony es un perro que piensa que es un gato.*

36. Un jardinero podó 12 rosales en una casa y 15 en la otra. ¿Cuántos rosales podó? **R.:** 27 arbustos.

37. Una camarera de hotel tendió 14 camas en el primer piso y 17 camas en el segundo piso. ¿Cuántas camas tendió? **R.:** 31 camas.

38. Debido al mal tiempo, los pasajeros tuvieron que esperar 22 horas y luego 7 horas más para su avión. ¿De cuánto tiempo fue la espera? **R.:** 29 horas.

39. Dos equipos practicaban en la piscina olímpica. El primer equipo tenía 17 nadadores y el otro 18. ¿Cuántos nadadores practicaron ese día? **R.:** 35 nadadores.

40. Un día de otoño, Rona contó 8 hojas que habían caído del árbol. Al día siguiente, cayeron 15 hojas más. ¿Cuántas hojas cayeron del árbol? **R.:** 23 hojas.

41. Jenny compró dos cajas de leche con 16 onzas en cada caja. ¿Cuántas onzas de leche compró? **R.:** 32 onzas.

42. Vince y Vance fueron a pescar. Cada uno de ellos atrapó 17 peces. ¿Cuántos peces capturaron los dos? **R.:** 34 peces.

43. Dos pedazos de cuerda de 18 pies estaban atados entre sí. ¿Cuánto mide la nueva cuerda? ***R.:*** 36 pies.

44. Sandy hizo un nuevo collar con dos collares viejos. Los collares viejos tenían 20 perlas cada uno. ¿Cuántas perlas hay en el nuevo collar? ***R.:*** 40 perlas.

45. Una oficina tiene una habitación con 8 escritorios y la otra con 13 escritorios. ¿Cuántos escritorios hay en ambas habitaciones? ***R.:*** 21 escritorios.

46. Miriam tenía $14 en el bolsillo y $15 en su billetera. ¿Cuánto dinero hay en ambos? ***R.:*** $28.

47. Una galería tenía 16 jarrones de porcelana y 13 jarrones de vidrio. ¿Cuántos jarrones hay? ***R.:*** 29 jarrones.

48. Un buzo ahuyentó a 27 mantarrayas y 9 tiburones. ¿A cuántos animales marinos ahuyentó? ***R.:*** 36 animales marinos.

49. Un sanador hizo una poción con 12 hierbas exóticas y 9 raíces. ¿Cuántas hierbas y raíces usó? ***R.:*** 21 hierbas y raíces.

50. Tom tiene 13 transformadores. Tim tiene 5 transformadores más que Tom. ¿Cuántos transformadores tienen ambos? ***R.:*** 31 transformadores.
Solución: 13 + 5 = 18 (transformadores que Tim tiene). Ahora, 13 (de Tom) + 18 (de Tim) = 31 (ambos).

51. En una escuela pequeña, el primer grado tiene 21 estudiantes. El segundo grado tiene 2 estudiantes menos. ¿Cuántos estudiantes hay en ambos grados? ***R.:*** 40 estudiantes.
Solución: 21 - 2 = 19 (estudiantes de la segunda clase). Luego, 21 (primer grado) + 19 (segundo grado) = 40 (estudiantes en ambos grados).

52. Una galería tiene 17 fotos; la otra galería tiene 5 más. ¿Cuántas fotos hay en ambas galerías? ***R.:*** 39 fotos (17 + 5 = 22; 17 + 22 = 39).

RESTANDO NÚMEROS DE DOS DÍGITOS

UN TRUCO: RESTANDO NÚMEROS DE DOS DÍGITOS
Tomar un número de dos dígitos de otro número de dos dígitos se puede ayudar con un pequeño truco. Todo lo que necesitas hacer es tomar el segundo número y separarlo en 2 partes. Por ejemplo, si necesitas resolver 40 - 17, divide 17 en 10 y 7. Luego, 40 - 10 = 30, y 30 - 7 = 23.

Problema: ¿37 - 23?
Solución: Podemos decir que 23 es igual a 20 + 3. Entonces 37 - 23 sería 37 - 20; luego resta 3: 37 - 20 = 17, 17 - 3 = 14.
R.: 37 - 23 = 14.

Problema: ¿35 - 27?
Solución: Podemos decir que 27 es igual a 20 + 7. Entonces 35 - 27 sería 35 - 20 y luego resta 7: 35 - 20 = 15, 15 - 7 = 8.
R.: 35 - 27 = 8.

EJERCICIO I

- Count down from 40 to 16 *by* 2.
- Count down from 40 to 10 *by* 3.
- Count down from 40 to 16 *by* 4.
- Count down from 40 to 10 *by* 5.

EJERCICIO II

30 - 10 = 20	31 - 20 = 11	32 - 15 = 17	33 - 25 = 8	34 - 15 = 19
35 - 10 = 25	36 - 15 = 21	37 - 15 = 22	38 - 15 = 23	39 - 10 = 29
40 - 15 = 25	39 - 10 = 29	38 - 17 = 21	38 - 20 = 18	38 - 15 = 23
38 - 15 = 23	37 - 10 = 27	37 - 25 = 12	37 - 25 = 12	37 - 25 = 12
36 - 25 = 11	38 - 25 = 13	36 - 20 = 16	36 - 15 = 21	36 - 20 = 16
35 - 15 = 20	34 - 7 = 27	34 - 5 = 29	35 - 5 = 30	35 - 6 = 29

EJERCICIO III

40 - 9 = 31	40 - 8 = 32	40 - 7 = 33	40 - 6 = 34	37 - 5 = 32
40 - 11 = 29	40 - 12 = 28	40 - 17 = 23	40 - 14 = 26	40 - 16 = 24
40 - 17 = 23	40 - 18 = 22	40 - 27 = 13	40 - 22 = 18	40 - 24 = 16
40 - 28 = 12	40 - 11 = 29	40 - 37 = 3	39 - 13 = 26	39 - 15 = 24

PROBLEMAS DE PALABRAS

1. Erin tenía 34 muñecas y regaló 13. ¿Cuántas tiene ahora? **R.:** 21 muñecas.

2. Este mes, tuvimos 19 días lluviosos y 9 días sin lluvia. ¿Cuántos días hubo en este mes? **R.:** 28 días.
   a) ¿Qué mes fue? **R.:** Febrero. Algunas febreros duran 28 días, otros meses tienen más días.

3. Krista invitó a 32 personas y solo 27 vinieron. ¿Cuántos no pudieron venir? **R.:** 5 personas.

4. Hay 38 esquiadores en la sala de emergencias. Quince tienen yeso en sus piernas, y el resto tienen yeso en sus brazos. ¿Cuántos esquiadores tienen yeso en sus brazos? **R.:** 23 esquiadores.

5. Había 24 pulgadas de nieve, pero durante la noche 8 pulgadas más de nieve cayeron al suelo. ¿Cuántas pulgadas de nieve hay ahora? **R.:** 32 pulgadas.

6. El autobús escolar tiene 38 asientos de pasajeros.
   a) Si hay 14 a bordo, ¿cuántos estudiantes más pueden subir al autobús? **R.:** 24 estudiantes.

b) Si hay 11, ¿cuántos más pueden subir a este autobús?
R.: 27 estudiantes.

c) Si hay 25, ¿cuántos más pueden subir a este autobús?
R.: 13 estudiantes.

d) Si hay 19, ¿cuántos más pueden subir a este autobús?
R.: 19 estudiantes.

7. De 33 palabras de prueba, Owen cometió errores en el 15. ¿Cuántas palabras deletreó correctamente? **R.:** 18 palabras.

8. Había 33 niños en la clase del señor Ribas.

    a) Si hubiera 22 niñas, ¿cuántos chicos había en la clase?
    R.: 11 chicos.

    b) Si hubiera 19 niñas, ¿cuántos chicos había en la clase?
    R.: 14 chicos.

    c) Si hubiera 17 niñas, ¿cuántos chicos había en la clase?
    R.: 16 chicos.

    d) Si hubiera 15 niñas, ¿cuántos chicos había en la clase?
    R.: 18 chicos.

9. Había 34 tarántulas en un frasco en un laboratorio y luego había 18. ¿Cuántas escaparon? **R.:** 16 tarántulas. *No visitaré ese laboratorio.*

10. Un científico loco escribió 33 fórmulas secretas y luego tachó 15. ¿Cuántos guardó? **R.:** 18 fórmulas.

11. Si 26 de 31 sandías tienen semillas, ¿cuántas no? **R.:** 5 sandias.

12. Después de que un granjero vendiera 14 calabazas de 40, ¿cuántas quedan? **R.:** 26 calabazas.

13. Treinta y nueve turistas llegaron al zoológico y 28 salieron al mediodía. ¿Cuántos siguen en el zoológico? **R.:** 11 turistas.

14. Tory tiró una pelota de baloncesto a la canasta 40 veces y falló 17. ¿Cuántas veces anotó? **R.:** 23 veces.

15. De 40 monedas en el cofre del tesoro de un pirata, 26 eran de oro y el resto eran de plata. ¿Cuántas monedas de plata había en el cofre? **R.:** 14 monedas.

16. Si tienes $40 y pagas $14 por un collar y $18 por un par de pendientes, ¿cuánto dinero te quedará? **R.:** $8.

Solución: Una manera: $40 - $14 (para el collar) = $ 26; $26 - $18 (para los pendientes) = $ 8.

Otra manera: $14 (collar) + $18 (pendientes) = $32 (para ambos), $40 - $32 = $8

17. Len y Mustafá atraparon a 37 pequeñas serpientes de jardín juntas. Si Mustafá atrapó 19, ¿cuántos capturó Len?
    R.: 18 serpientes.

18. ¿Cuál es más grande, 14 + 17 o 19 + 13? *R.:* La segunda suma, porque 14 + 17 = 31 y 19 + 13 = 32.

19. En un campo de golf, 36 golfistas se toparon con 29 ardillas. ¿Cuántos golfistas más había que ardillas de tierra? *R.:* 7 golfistas más.

20. Un carrusel tiene 17 asientos y 35 niños están esperando en la fila. ¿Cuántos niños tendrán que dar el segundo paseo?
    R.: 18 niños.

21. En el armario, había 26 cajas vacías y 11 cajas llenas de ropa. ¿Cuántas cajas había en el armario? *R.:* 37 cajas.

22. Había 40 niños en un autobús escolar. En una parada, 16 niños salieron. ¿Cuántos se quedaron en el autobús? *R.:* 24 niños.

23. En un día, Bill dijo 40 mentiras y 27 verdades. ¿Cuántas mentiras más que verdades dijo Bill? *R.:* 13 mentiras más.

24. Cuando un pescador pisó el agua, estaba rodeado por 40 pirañas hambrientas. Ahuyentó 39 pirañas. ¿Cuántos peces no asustó?
    R.: 1 pez.

25. Tamara tiene 40 trenzas. 27 tienen cintas verdes y el resto tienen cintas amarillas. ¿Cuántas cintas amarillas tiene? *R.:* 13 cintas amarillas.

26. Ali Baba fue perseguido por 40 ladrones.
    a) Si 27 ladrones llevaban turbantes, ¿cuántos no?
    R.: 13 ladrones.
    b) Si 18 ladrones tenían un pendiente, ¿cuántos no?
    R.: 22 ladrones.
    c) Si 24 ladrones llevaban zapatos, ¿cuántos no? *R.:* 16 ladrones.
    d) Si 15 ladrones tenían cicatrices, ¿cuántos no? *R.:* 25 ladrones.

27. Si de 32 dientes, una persona mayor perdió 15 de sus dientes. ¿Cuántos le quedan todavía? ***R.:*** 17 dientes.

28. Puse 36 hojas de papel en una impresora e hice 18 copias. ¿Cuántas hojas quedan en la impresora? ***R.:*** 18 hojas.

29. Una tienda recibió 28 televisores y vendió 14. ¿Cuántos no se vendieron? ***R.:*** 14 televisores.

30. Un chef tenía 32 huevos y usaba 16 para el desayuno. ¿Cuántos huevos quedaron en la nevera? ***R.:*** 16 huevos.

31. Había 38 bailarines en el escenario y 18 de ellos eran chicas. ¿Cuántos chicos bailaron? ***R.:*** 20 chicos.

32. De 26 piezas de leña, 13 fueron quemadas. ¿Cuántas piezas quedaron? ***R.:*** 13 piezas.

33. De los 36 guantes quirúrgicos estériles, el Doctor Cortaro usó 18. ¿Cuántos no se utilizaron? ***R.:*** 18 guantes.

34. De 35 juguetes en una caja, 16 están rotos. ¿Cuántos son buenos? ***R.:*** 19 juguetes.

35. De los 37 mensajes de texto que Vivian recibió, solo respondió a 19 de ellos. ¿Cuántos mensajes ignoró? ***R.:*** 18 mensajes.

36. Un chef cocinó 40 caracoles, pero los invitados comieron solo 20. ¿Cuántos quedaron en los platos? ***R.:*** 20 caracoles.

37. El chef puso 40 pasteles de cangrejo en 2 platos. Puso 19 pasteles en el primer plato. ¿Cuántos pasteles subieron al otro plato? ***R.:*** 21 pasteles de cangrejo.

38. El chef usó 40 tomates cherry para 2 ensaladas. Si había 22 tomates en la primera ensalada, ¿cuántos había en la otra? ***R.:*** 18 tomates.

39. Después de cenar, el chico del autobús recogió 40 tenedores y cuchillos. Si hubiera 23 tenedores, ¿cuántos cuchillos recogió? ***R.:*** 17 cuchillos.

40. De 40 galones de gasolina en el tanque, se utilizaron 25 durante el viaje. ¿Cuántos galones todavía hay en el tanque? ***R.:*** 15 galones.

41. En un huerto de cerezos, de 39 árboles, 23 ya están floreciendo. ¿Cuántos más florecerán pronto? ***R.:*** 16 árboles.

42. Eric publicó 35 prendas de ropa en la línea. Dos horas más tarde, encontró solo 23 piezas. ¿Cuántas prendas perdió? ***R.:*** 12 piezas.

43. Un oráculo (una persona antigua que podía decir el futuro) hizo 33 predicciones, pero solo 11 predicciones se hicieron realidad. ¿Cuántos no lo hizo? ***R.:*** 22 predicciones.

44. Un escritor escribió 33 páginas en un día, pero luego descartó 24 páginas por la frustración. ¿Cuántas páginas de escritura guardó? ***R.:*** 9 páginas. Escribir puede ser muy difícil a veces.

45. Después de que Valerie tomó 7 galletas de la bandeja de galletas, todavía quedaban 29 galletas. ¿Cuántas galletas había en la bandeja al principio? ***R.:*** 36 galletas (29 + 7 = 36).

46. En un paseo de 40 minutos, mi perro se cansó y tuve que llevarlo durante los últimos 19 minutos. ¿Cuántos minutos anduvo mi perro solo? ***R.:*** 21 minutos.

28

DUPLICAR, TRIPLICAR Y CUADRUPLICAR HASTA 50

Duplicar, como recuerdas, es sumar dos números iguales juntos. Triplicar significa sumar tres números iguales, y cuadruplicar es sumar 4 números iguales. Más adelante aprenderemos a multiplicar, un atajo inteligente para sumar números de forma rápida y precisa. Pero por ahora, aprenderemos a sumar

¿17 + 17?
Hay dos maneras de abordar este problema:
Primera Solución: El número 17 está hecho de 10 y 7.
Entonces 17 + 17 se puede resolver 17 + 10 = 27, y luego 27 + 7 = 34.
Por lo tanto: 17 + 17 = 34.

Segunda Solución: Los números 17 están hechos de 10 y 7.
Entonces 17 + 17 puede ser resuelto por separado sumando partes, por lo que 10 + 10 = 20 y 7 + 7 = 14.
Luego 20 + 14 = 34. Por lo tanto: 17 + 17 = 34.

¿13 + 13 + 13?
Primera Solución: 13 + 13 = 26; luego 26 + 13 = 39
Segunda Solución: 13 = 10 + 3. Vamos a sumar 10 + 10 + 10 = 30, luego, sumamos 3 + 3 + 3 = 9.
Por lo tanto, 30 + 9 = 39.

EJERCICIO I

10 + 10 = 20	13 + 13 + 13 = 39	10 + 10 + 20 = 40
10 + 10 + 10 = 30	14 + 14 = 28	20 + 30 = 50
20 + 10 = 30	14 + 14 + 14 = 42	11 + 11 + 11 + 11 = 44
20 + 20 = 40	15 + 15 = 30	20 + 20 = 40
11 + 11 = 22	15 + 15 + 15 = 45	21 + 21 = 42
11 + 11 + 11 = 33	16 + 16 = 32	22 + 22 = 44
22 + 11 = 33	16 + 16 + 16 = 48	23 + 23 = 46
12 + 12 = 24	17 + 17 = 34	24 + 24 = 48
12 + 12 + 12 = 36	18 + 18 = 36	25 + 25 = 50
13 + 13 = 26	19 + 19 = 38	20 + 20 + 10 = 50

PROBLEMAS DE PALABRAS

1. Jared tiene 10 monedas en una mano y 10 en la otra. ¿Cuántas monedas tiene? **R.:** 20 monedas.

2. Sofia pasó 7 días con un abuelo y 7 días con el otro. ¿Cuántos días pasó con ambos abuelos? **R.:** 14 días.

3. Un pulpo tiene 8 patas.
   a) ¿Cuántas patas tienen dos pulpos? **R.:** 6 patas.
   b) ¿Cuántas patas tienen tres pulpos? **R.:** 24 patas.
   c) ¿Cuántas patas tienen cuatro pulpos? **R.:** 32 patas.

4. Una guitarra tiene 6 cuerdas.
   a) ¿Cuántas cuerdas hay en 2 guitarras? **R.:** 12 cuerdas.
   b) ¿Cuántas cuerdas hay en 3 guitarras? **R.:** 18 cuerdas.
   c) ¿Cuántas cuerdas hay en 4 guitarras? **R.:** 24 cuerdas.

5. Hay 11 fotos en un álbum y 11 en el otro. ¿Cuántas fotos hay en ambas? **R.:** 22 fotos.

6. Un estante de libros tiene 7 libros.
   a) ¿Cuántos libros caben en dos estantes? **R.:** 14 libros.
   b) ¿Cuántos libros caben en tres estantes? **R.:** 21 libros.
   c) ¿Cuántos libros caben en cuatro estantes? **R.:** 28 libros.

7. Una docena es doce. a) ¿Cuánto son dos docenas? **R.:** 24. b) ¿Cuánto son tres docenas? **R.:** 36. c) ¿Cuánto son cuatro docenas? **R.:** 48.

8. En una partida de ajedrez, hay 16 piezas blancas y 16 negras. ¿Cuántas piezas hay en el tablero de ajedrez? **R.:** 32 piezas.

9. Hay 13 casas en el lado derecho de la calle y 13 casas en la otra. ¿Cuántas casas hay? **R.:** 26 casas.

10. Hay 12 huevos marrones en la cesta y 12 huevos blancos. ¿Cuántos huevos hay en la cesta? **R.:** 24 huevos.

11. Un camarero puso 17 cucharas y 17 tenedores en la mesa. ¿Cuántos cubiertos puso el camarero en la mesa? **R.:** 34 cubiertos.

12. Un estudiante entregó 14 páginas de trabajo de matemáticas y 14 páginas de tarea en inglés. ¿Cuántas páginas entregó? **R.:** 28 páginas.

13. Marisa saltó 13 veces en un pie y 13 veces con el otro. ¿Cuántas veces saltó? **R.:** 26 veces.

14. Un enmarcador hizo 15 marcos grandes y 15 pequeños. ¿Cuántos marcos hizo en total? **R.:** 30 marcos.

15. Patty corrió 16 minutos a la tienda y 16 minutos de regreso. ¿Cuántos minutos corrió? **R.:** 32 minutos.

16. La banda de la escuela grabó 15 canciones en un CD y 15 canciones en otro. ¿Cuántas canciones grabaron? **R.:** 30 canciones.

17. Una araña tiene 8 patas.
    a) ¿Cuántas patas tienen 2 arañas? **R.:** 16 patas.
    b) ¿Cuántas patas tienen 3 arañas? **R.:** 24 patas.
    c) ¿Cuántas patas tienen 4 arañas? **R.:** 32 patas.

18. Si una caja de caramelos tiene 11 piezas,
    a) ¿Cuántas piezas tienen dos cajas? **R.:** 22 piezas.
    b) ¿Cuántas piezas tienen tres cajas? **R.:** 33 piezas.

19. Después de un desagradable accidente de patinar, Hunter se hizo 13 moretones en su lado derecho y 13 en la izquierda. ¿Cuántos moretones se hizo en total? **R.:** 26 moretones.

20. Terry puso 17 manzanas y 17 peras en un tazón. ¿Cuántas frutas hay? ***R.:*** 34 frutas.

21. Glenn escogió 13 pasas de un muffin y 13 pasas de un budín. ¿Cuántas pasas escogió? ***R.:*** 26 pasas. ¿Por qué hizo eso?

22. Si hay 18 radios en una rueda de bicicleta, ¿cuántos hay en dos ruedas? ***R.:*** 36 radios.

23. Si una persona puede ordeñar 8 vacas,
   a) ¿Cuántas vacas pueden ordeñar 2 personas? ***R.:*** 16 vacas.
   b) ¿Cuántas vacas pueden ordeñar 3 personas? ***R.:*** 24 vacas.
   c) ¿Cuántas vacas pueden ordeñar 4 personas? ***R.:*** 32 vacas.

24. Si un burro puede llevar 9 sacos de heno.
   a) ¿Cuántos sacos pueden llevar dos burros? ***R.:*** 18 sacos.
   b) ¿Cuántos sacos pueden llevar tres burros? ***R.:*** 27 sacos.
   c) ¿Cuántos sacos pueden llevar cuatro burros? ***R.:*** 36 sacos.

25. Una batería puede durar 17 horas. ¿Cuántas horas pueden durar dos baterías? ***R.:*** 34 horas.

26. Si un filete cuesta $13,
   a) ¿Cuánto costarán dos filetes? ***R.:*** $26.
   b) ¿Cuánto costarán tres filetes? ***R.:*** $39.

27. Hay 12 nueces en una libra de castañas.
   a) ¿Cuántas castañas hay en dos libras? ***R.:*** 24 nueces.
   b) ¿Cuántas castañas hay en tres libras? ***R.:*** 36 tuercas.

28. Blanca Nieves tenía 7 manzanas.
   a) ¿Cuántas manzanas tendrían 2 Blanca Nieves?
   R.: 14 manzanas.
   b) ¿Cuántas manzanas tendrían 3 Blanca Nieves?
   R.: 21 manzanas.
   c) ¿Cuántas manzanas tendrían 4 Blanca Nieves?
   R.: 28 manzanas.
   d) ¿Y si hubiera 5 Blanca Nieves? ***R.:*** 35 manzanas.

29. Boris pagó $21 por un zorrillo mascota. ¿Cuánto pagaría por dos zorrillos? ***R.:*** $42.
   Solución: Sumar números más grandes no es tan difícil. Mira, 21

es igual a 20 + 1. En primer lugar, sumamos las decenas, 20 + 20 = 40. Luego, sumamos los, 1 + 1 = 2. Ahora 40 + 2 = $42 para dos zorrillos de mascota; pero ¿por qué alguien tendría un zorrillo como mascota?

30. Una entrada cuesta $23. ¿Cuánto cuestan dos entradas? **R.:** $46.

31. Un árbol mide 24 pies de altura. ¿Cuán alto sería un árbol que mide el doble? **R.:** 48 pies.

32. Un melón tiene 25 semillas. ¿Cuántas semillas habría en dos melones? **R.:** 50 semillas.

33. Un arquero lleva 14 flechas. ¿Cuántas flechas llevarán tres arqueros? **R.:** 42 flechas.

    Solución: sumar tres números es tan fácil como sumar dos. Vamos a resolverlo. En primer lugar, vamos a sumar las decenas, 10 + 10 + 10 = 30. Ahora vamos a sumar las unidades; 4 + 4 + 4 = 12. Luego, 30 + 12 = 42. Por supuesto, siempre podemos sumar un número a la vez: 14 + 14 = 28. Luego, 28 + 14 = 42.

34. Si una cueva tiene 15 murciélagos, ¿cuántos murciélagos hay en 3 cuevas? **R.:** 45 murciélagos.

35. Si una piñata tiene 24 caramelos, ¿cuántos caramelos hay en dos piñatas? **R.:** 48 caramelos.

36. Si se necesitan 19 días para pintar un cuadro, ¿cuánto tiempo tomará para dos fotos? **R.:** 38 días.

37. Si un salto de canguro es de 18 pies, ¿cuánto serían dos saltos? **R.:** 36 pies.

38. Si Malia puede comprar 17 pegatinas por $1, ¿cuántos puede comprar por $2? **R.:** 34 pegatinas.

39. Si un equipo de fútbol tiene 11 jugadores,

    a) ¿Cuántos jugadores hay en dos equipos? **R.:** 22 jugadores.

    b) ¿Cuántos jugadores hay en tres equipos? **R.:** 33 jugadores.

    c) ¿Cuántos jugadores hay en cuatro equipos? **R.:** 44 jugadores.

40. Si Glenn leyera 10 libros buenos, 10 no tan buenos y 15 horribles. ¿Cuántos libros leyó? **R.:** 35 libros.

SUMA DE NÚMEROS DE DOS DÍGITO QUE TERMINAN EN 0

EJERCICIO I

- Vamos a contar de 10 en 10 hasta 100: (10, 20, 30, 40, 50, 60, 70, 80, 90, 100).
- Cuenta hacia atrás de 10 en 10 hasta 0: (100, 90, 80, 70, etc.)
- Si contamos de 10 en 10 diez, ¿qué número viene después de 30? **R.:** 40

¿Después de los 50? **R.:** 60

¿Después de los 70?

¿Después de los 80?

- Si contamos desde 100 restando 10, ¿qué viene antes de 90? **R.:** 100

¿Antes de los 70? **R.:** 80

¿Antes de los 40? **R.:** 50

¿Antes de las 30?

¿Después de los 40? **R.:** 30

¿Después de los 30? **R.:** 20

EJERCICIO II

10 + 10 = 20	20 + 10 = 30	30 + 10 = 40	20 + 20 = 40
40 + 10 = 50	50 + 10 = 60	20 + 30 = 50	10 + 40 = 50
20 + 30 = 50	20 + 40 = 60	30 + 30 = 60	20 + 40 = 60

EJERCICIO III

50 + 20 = 70	60 + 40 = 100	70 + 20 = 90	30 + 30 = 60
40 + 40 = 80	50 + 50 = 100	40 + 30 = 70	90 + 10 = 100
50 + 40 = 90	60 + 30 = 90	40 + 20 = 60	30 + 20 = 50

PROBLEMAS DE PALABRAS

1. Tengo 10 dedos (cuenta los pulgares como dedos) y mi mamá tiene 10. ¿Cuántos dedos tenemos juntos? **R.:** 20 dedos.
   a) Mi papá también tiene 10 dedos. ¿Cuántos dedos tenemos los tres? **R.:** 30 dedos.

2. Tim tenía $20 y pidió otros $10. ¿Cuánto dinero tiene ahora? **R.:** $30.

3. El equipo olímpico belga tiene 20 atletas y el equipo francés tiene 30. ¿Cuántos atletas hay en ambos equipos? **R.:** 50 atletas. ¿Puedes encontrar Bélgica y Francia en el mapa?

4. Para el maratón de la ciudad, Tomas corrió 20 millas desde el principio hasta la meta y luego otras 20 millas hacia atrás. ¿Cuántas millas corrió Tomas? **R.:** 40 millas.

5. La tía de Fran cumplió 40 hoy.
   a) ¿Qué edad tendrá en 10 años? **R.:** 50 años.
   b) ¿Qué edad tendrá en 20 años? **R.:** 60 años.
   c) ¿Qué edad tendrá en 30 años? **R.:** 70 años.

6. Mi hermano tiene 10 años ahora.
   a) ¿Qué edad tendrá en 30 años? **R.:** 40 años.
   b) ¿Qué edad tendrá en 40 años? **R.:** 50 años.
   c) ¿Qué edad tendrá en 90 años? **R.:** 100 años.

7. Una heladería tiene 20 sabores de frutas y otros 30 sabores. ¿Cuántos sabores tienen? ***R.:*** 50 sabores.

8. El comedor de la tía Greta tiene 20 cucharas y 40 tenedores. ¿Cuántas cucharas y tenedores hay en el comedor? ***R.:*** 60 cucharas y tenedores.

9. El edificio más alto de nuestra ciudad tiene 20 pisos de altura. En la gran ciudad a 40 millas de distancia, el edificio más alto tiene 20 pisos más que nuestro edificio. ¿Cuán alto es el edificio en la siguiente ciudad? ***R.:*** 40 pisos (no millas).

10. Se necesitan 20 clavos para hacer una casa de pájaros. Para una casa de perros, se necesitan 40. ¿Cuántos clavos necesitaré para ambos? ***R.:*** 60 clavos.

11. En la excursión, Curtis tomó 20 fotos y Don tomó 30. ¿Cuántas fotos tomaron los dos? ***R.:*** 50 fotos.

12. En un año, Leonard dibujó 30 cuadros y Rafael hizo 40. ¿Cuántos cuadros dibujaron ambos? ***R.:*** 70 cuadros.

13. Ayer, Jim leyó 20 páginas del libro. Hoy leyó otras 20. Si lee 20 páginas más mañana, ¿cuántas páginas sería en total? ***R.:*** 60 páginas.

14. Lucien, un cantante de ópera, tiene 30 sombreros de lujo y 40 sombreros para cada día. ¿Cuántos sombreros tiene? ***R.:*** 70 sombreros. Pero solo tiene una cabeza.

15. Víctor hizo 20 flexiones por la mañana y 30 flexiones por la tarde. ¿Cuántas flexiones hizo? ***R.:*** 50 flexiones.

16. La granja tiene 20 caballos grandes, 20 caballos pequeños y 10 ponis. ¿Cuántos animales tiene la granja? ***R.:*** 50 animales.

17. Un jardinero plantó 10 melocotones y 60 manzanos. ¿Cuántos árboles plantó? ***R.:*** 70 árboles.

18. En Venecia, en la plaza de San Marcos, un turista contó 40 palomas y 20 gorriones. ¿Cuántos pájaros contó? ***R.:*** 60 pájaros.

19. Gané 50 partidos en tenis de mesa y perdí 20. ¿Cuántos partidos he jugado? ***R.:*** 70 partidos.

20. Un maestro calificó 50 tareas ayer y 50 hoy. ¿Cuántas tareas calificó? ***R.:*** 100 asignaciones.

21. En el estacionamiento, RJ vio 20 autos rojos, 30 autos blancos y 20 autos verdes. ¿Cuántos autos vio en total? ***R.:*** 70 autos.

22. Hay 30 días en abril, 30 días en junio y 30 días en septiembre. ¿Cuántos días hay en los 3 meses? ***R.:*** 90 días.

23. Lora pagó $10 por la camisa, $20 por los pantalones y $30 por los zapatos. ¿Cuánto gastó? ***R.:*** $60.

24. Randy sabe 20 palabras en español, 20 palabras en francés y 40 palabras en japonés. ¿Cuántas palabras extranjeras sabe? ***R.:*** 80 palabras.

25. El teléfono de mamá almacena 50 de los números de su amiga, 20 de los números de su pariente y 20 números de negocios. ¿Cuántos números tiene su tienda de teléfonos? ***R.:*** 90 números.

26. En las Olimpiadas Especiales, había 30 corredores, 20 nadadores, 10 tenistas y 10 corredores de bicicletas. ¿Cuántos atletas compitió en las Olimpiadas Especiales? ***R.:*** 70 atletas.

27. En abril, una tienda mecánica arregló 60 camiones, 20 furgonetas y 20 excavadoras. ¿Cuántas máquinas arregló la tienda en abril? ***R.:*** 100 máquinas.

28. La ciudad ordenó 40 señales "DETÉNGASE", 30 señales "NO DAR LA VUELTA" y 20 señales "NO ESTACIONE". ¿Cuántas señales de tráfico ordenó la ciudad? ***R.:*** 90 señales.

29. Mirando el antiguo mapa de piratas, un cazador de tesoros caminó desde el roble 30 escalones hacia el oeste; luego 30 escalones hacia el norte; luego 30 pasos más hacia el oeste. ¿Cuántos pasos dio? ***R.:*** 90 pasos.

30. La biblioteca compró 10 libros infantiles, 40 libros de capítulos y 30 libros de texto. ¿Cuántos libros compraron en total? ***R.:*** 80 libros.

31. Puse dos sellos de 20 centavos, un sello de 30 centavos y un sello de 10 centavos en el paquete. ¿Cuánto fue el franqueo? ***R.:*** 80 centavos. (20 + 20 = 40; 40+ 30 = 70; 70 + 10 = 80).

32. Si un cachorro nació hace 20 días, ¿qué edad tendrá en 30 días? ***R.:*** 50 días de edad.

33. El agujero en el suelo es de 10 pies de profundidad. Un poste junto al agujero mide 20 pies de altura. ¿Cuál es la distancia entre

la parte superior del poste y la parte inferior del agujero?
R.: 30 pies (puedes hacer un dibujo si es necesario).

34. Hay 54 perlas blancas y 20 negras en el collar. ¿Cuántas perlas hay en total? **R.:** 74 perlas.

35. En un lago, Gregory atrapó 43 peces y Heather atrapó 40. ¿Cuántos atraparon juntos? **R.:** 83 peces.

36. Mi primo Igor tiene 12 años.
   a) ¿Qué edad tendrá en 10 años? **R.:** 22 años.
   b) ¿Qué edad tendrá en 20 años? **R.:** 32 años.
   c) ¿Qué edad tendrá en 50 años? **R.:** 62 años.

37. Mi tío Nelson tiene 38 años.
   a) ¿Qué edad tendrá en 20 años? **R.:** 58 años.
   b) ¿Qué edad va a tener en 30 años? **R.:** 68 años.
   c) ¿Qué edad va a tener en 60 años? **R.:** 98 años.

38. Consuela tiene 47 sellos en su colección. Compró 30 más. ¿Cuántos sellos hay en su colección ahora? **R.:** 77 sellos.

39. Linda gastó $57 en la tienda y Mitch gastó $30. ¿Cuánto dinero gastaron juntos? **R.:** $87.

40. Frank dedica 27 minutos a vestirse y 20 minutos para desayunar. ¿Cuánto tiempo tarda haciendo ambas cosas? **R.:** 47 minutos.

41. Una rana atrapó 58 moscas y 40 mosquitos. ¿Cuántas plagas atrapó la rana? **R.:** 98 plagas.

30

RESTANDO NÚMEROS DE DOS DÍGITO QUE TERMINAN EN 0

EJERCICIO I

50 - 30 = 20	40 - 20 = 20	80 - 30 = 50	90 - 50 = 40
60 - 20 = 40	40 - 10 = 30	70 - 50 = 20	90 - 70 = 20
30 - 20 = 10	70 - 40 = 30	70 - 40 = 30	80 - 40 = 40
70 - 30 = 40	90 - 70 = 20	50 - 40 = 10	80 - 60 = 20

EJERCICIO II

100 - 30 = 70	100 - 40 = 60	100 - 50 = 50	100 - 10 = 90
100 - 10 = 90	100 - 10 = 90	100 - 20 = 80	100 - 20 = 80
100 - 30 = 70	100 + 10 = 110	100 + 20 = 120	100 + 10 = 110

PROBLEMAS DE PALABRAS

1. Leona tenía 80 entradas para el concierto escolar. Vendió 20 entradas a sus vecinos. ¿Cuántas entradas quedan? **R.:** 60 entradas.

2. Había 40 días antes de las vacaciones. Después de 30 días, ¿cuántos días quedaron? **R.:** 10 días.

3. Fuimos 60 minutos antes del partido y esperamos en la fila durante 40 minutos. ¿Cuánto tiempo queda antes del partido? ***R.:*** 20 minutos.

4. Una perrera tiene 70 perros y gatos. Hay 30 gatos. ¿Cuántos perros hay en la perrera? ***R.:*** 40 perros.

5. La medicina costó $40. Tracy le dio un billete de $50 al cajero. ¿Cuánto recibió de vuelta? ***R.:*** $10.

6. La oficina de correos recibió 80 paquetes y entregó 50 paquetes el mismo día. ¿Cuántos paquetes quedan por entregar? ***R.:*** 30 paquetes.

7. Una tienda de comestibles tenía 40 bolsas de papel y 30 bolsas de plástico. Al final del día, solo les quedaban 10 bolsas. ¿Cuántas bolsas se usaron? ***R.:*** 60 bolsas (40 + 30 = 70, 70 - 10 = 60).

8. La carta necesita un sello de 60 centavos. Adjunté un sello de 40 centavos al sobre. ¿Qué sello tengo que añadir para enviar la carta? ***R.:*** un sello de 20 centavos.

9. Hay 50 grapas en la grapadora y Serena usada 20. ¿Cuántos quedaron? ***R.:*** 30 grapas.

10. Un cable mide 100 pulgadas de largo.

    a) ¿Cuánto cable tiene que cortar Olga por una pieza de 50 pulgadas de largo? ***R.:*** 50 pulgadas.

    b) ¿Cuánto cortará para hacer un cable de 60 pulgadas? ***R.:*** 40 pulgadas.

    c) ¿Cuánto cortará para hacer un cable de 90 pulgadas? ***R.:*** 10 pulgadas.

    d) ¿Cuánto cortará para hacer un cable de 80 pulgadas? ***R.:*** 20 pulgadas.

11. De las 90 páginas del libro, Kim leyó 20. ¿Cuántas páginas quedan? ***R.:*** 70 páginas.

12. De 70 nueces, Mina descascaró 40. ¿Cuántas nueces sin cáscara quedan? ***R.:*** 30 nueces.

13. Entre los 80 reclutas de una academia de policía, hay 30 mujeres. ¿Cuántos hombres se unieron a la academia? ***R.:*** 50 hombres.

14. La fábrica pidió 60 cajas de papel. Hasta ahora, recibieron 40 cajas. ¿Cuántas cajas más esperan? ***R.:*** 20 cajas.

15. Un oficial de policía escribió 80 multas. Había 50 multas de estacionamiento y el resto eran por exceso de velocidad. ¿Cuántas multas por exceso de velocidad escribió el policía? *R.:* 30 multas.

16. De los 100 invitados que fueron invitados a la boda, solo llegaron 80 personas. ¿Cuántos invitados no pudieron venir? *R.:* 20 invitados.

17. De los 90 días del otoño, llovió durante 30 días. ¿Cuántos días no llovió? *R.:* 60 días.

18. El abuelo nació hace 60 años.

    a) ¿Cuántos años tenía hace 40 años? *R.:* 20 años.

    b) ¿Qué edad tenía hace 20 años? *R.:* 40 años.

    c) ¿Qué edad tenía hace 50 años? *R.:* 10 años.

19. Una tienda pidió 90 cajas de cereales. Había 50 cajas de hojuelas de maíz. ¿Cuántas cajas eran de otro tipo? *R.:* 40 cajas.

20. El perro grande pesa 80 libras. El perro pequeño pesa solo 20 libras. ¿Por cuánto es más pesado el perro grande que el perro pequeño? *R.:* 60 libras.

21. Blair tenía $90 y le dio a Jess $70. ¿Cuánto dinero tiene Blair ahora? *R.:* $20.

22. En el edificio, de las 90 oficinas, solo 60 están ocupadas. ¿Cuántas están vacías? *R.:* 30 oficinas.

23. Un árbol de secuoya mide 100 pies de altura. Un roble es 40 pies menos alto. ¿Qué tan alto es el roble? *R.:* 60 pies.

24. La mochila de Garry pesa 60 libras. La mochila de Col es 20 libras más ligera. ¿Cuál es el peso de la mochila de Col? *R.:* 40 libras.

25. El barco de pesca de mi padre mide 60 pies de largo. El barco de mi tío es 10 pies más corto que el de mi padre. ¿Cuánto dura el barco de mi tío? *R.:* 50 pies.

26. En una revista de 90 páginas, 20 páginas tienen anuncios. ¿Cuántas páginas no tienen anuncios? *R.:* 70 páginas.

27. Un vivero tenía 100 arbustos. Vendieron 30 y luego 20 más. ¿Cuántos arbustos quedaron? *R.:* 50 arbustos.

28. Un mago aprendió 80 trucos de magia, pero olvidó 40. ¿Cuántos recordaba? *R.:* 40 trucos de magia.

29. Una tienda de comida recibió un pedido de 80 sándwiches: 40 con pavo, 20 con jamón, y el resto con atún. ¿Cuántos sándwiches de atún se ordenaron? ***R.:*** 20 sándwiches de atún.

30. De 100 clavos en una caja, un carpintero utilizó 30 para su primer proyecto y 70 para su segundo proyecto. ¿Cuántos clavos quedaron? ***R.:*** 0 clavos o ninguno.

31. De una mesada de $66, Valencia gastó $20. ¿Cuánto le queda? ***R.:*** $46.

32. De 55 palabras, Tarzán deletreó correctamente 30. ¿Cuántas palabras deletreó incorrectamente? ***R.:*** 25 palabras.

33. En una competencia de cometas, solo 60 cometas de 73 volaron en el aire. ¿Cuántas no lo hizo? ***R.:*** 13 cometas.

34. Hannah contó 68 gomitas en una bolsa y luego sacó 30. ¿Cuántas gomitas dejó en la bolsa? ***R.:*** 38 gomitas.

35. De 73 libros en computadora, 40 fueron eliminados. ¿Cuántos libros hay todavía en la computadora? ***R.:*** 33 libros.

36. Hubo 31 lecciones en este libro y las terminaste todas. ¿Cuántas lesiones quedan por hacer? ***R.:*** ¡Cero, nada, ninguno!

EL FIN

AHORA ESTÁS LISTA PARA MATEMÁTICAS VERBALES 2

AHORA ESTÁS LISTO PARA NUESTROS PRODUCTOS

- **The Reading Lesson** (La lección de lectura)
- Grandes palabras para niños pequeños (Amplia el vocabulario en inglés)

LIBROS DE LA SERIE DE CÁLCULO MENTAL

- Lección de Matemática Verbal Nivel 1 *Adecuado para niños en K-1.*
- Lección de Matemática Verbal Nivel 2 *Adecuado para niños en los grados 1 a 2.*
- Lección de Matemática Verbal Nivel 3 *Adecuado para niños en los grados 3 a 5.*
- Fracciones Verbales
- Lección de Matemáticas Verbales - Matemáticas Métricas
- Porcentajes Verbales

Para obtener información sobre la descripción y los precios, consulta nuestros sitios web: **www.readinglesson.com** y **www.mathlesson.com**

www.ingramcontent.com/pod-product-compliance
Lightning Source LLC
Chambersburg PA
CBHW061648040426
42446CB00010B/1636